U1017933

少儿家庭素质教育

吴承良　编著

金盾出版社

图书在版编目(CIP)数据

少儿家庭素质教育/吴承良编著．—北京：金盾出版社，2001.8

ISBN 978-7-5082-1566-2

Ⅰ．少…　Ⅱ．吴…　Ⅲ．儿童教育:家庭教育　Ⅳ．G78

中国版本图书馆 CIP 数据核字(2001)第 029277 号

金盾出版社出版、总发行

北京太平路 5 号(地铁万寿路站往南)

邮政编码:100036　电话:68214039　83219215

传真:68276683　网址:www.jdcbs.cn

封面印刷:北京凌奇印刷有限责任公司

正文印刷:北京金盾印刷厂

装订:永胜装订厂

各地新华书店经销

开本:787×1092 1/32　印张:5.5　字数:124 千字

2011 年 5 月第 1 版第 5 次印刷

印数:25001—33000 册　定价:10.00 元

前　言

——致年轻父母的一封信

心理学家布卢姆对儿童智力的发展进行了大量的研究，得出这样的结论："如果把人的17岁所达到的普通智力水平看作100%，那么人从出生到4岁就获得了50%的智力，另外30%的智力是在4岁到8岁期间获得的，最后20%的智力则是在8岁至17岁期间获得的。在智力发展的关键时期，环境对智力发展的影响，其一年的效果，要超过在智力发展其他时期中8～10年的效果。"

布卢姆的理论是有科学依据的。因为人的大脑结构在婴幼儿时期已接近成年人，只是大脑皮层的沟回比成年人大脑的沟回浅些，神经细胞的体积小些，神经纤维的长度和分支还不够发达，神经髓鞘还未长成。婴幼儿的神经系统具有很强的可塑性，此时如能给他良好的环境和必要的教育刺激，就能促使婴幼儿的大脑健康地发育；如果错过这个关键时期，甚至不让婴儿接触人类社会，不给他以文明教育，他的大脑就不能正常发育以至衰退。从已发现的狼孩来看，狼孩只具有动物的行为，没有人类的思维能力，没有词的概念，没有语言表达能力，即使将狼孩从狼窝中拯救出来，加以教育，也无法使其成为一个真正意义上的人。

可见，对儿童的教育应从婴幼儿开始。因为儿童的智力发展有个关键期，这个关键期对儿童智力的发展起着关键的作用。所以，家长对孩子的教育不要待到孩子上学以后，而要从孩子牙牙学语开始。

家庭教育是孩子最初受到的教育，它极大地影响到孩子的素质，关系到孩子今后的成长。家长和孩子朝夕相处，家庭教育具有经常性；家长和孩子具有亲情，家教富有亲切性；父母对孩子可以言传身教，家教具有直观性；父母对孩子全面了解，家教具有针对性。孩子入学前，家长就是启蒙教师。孩子入学后，家庭教育与学校教育、社会教育相配合，可以更好地培养孩子成为高素质的、有创造能力的、适应时代需要的一代新人。由此可见，家庭素质教育对于儿童的成长是何等的重要。

年轻的父母们，对于你的孩子，不要因为是独生子女就过分娇惯，养成他放纵、任性的脾气；不要把该由孩子自己处理的事情包揽下来，使孩子缺乏独立生活的本领；也不要对孩子提出不切实际的过高要求，使孩子感到有受不了的沉重压力；也不能对孩子不闻不问、任其自流；更不能让孩子在父母的吵架声中或麻将牌的喧闹声中受到精神的折磨。应该给孩子创造一个良好的学习环境，对孩子既要悉心呵护，又要严格要求。

总之，既然孩子降生到人世，做父母的就责无旁贷。不管你自觉或不自觉，你必须担当起既做父母又做家庭教师的双重责任。重任在肩，为人父母的，要努力啊！

目　　录

第十二章　体育锻炼

第十三章　向社会学习

第十四章　道德教育

第一章　天赋与遗传

现代科学告诉我们，生物具有遗传的特性。这种遗传特性是由什么决定的呢？19世纪后半期，科学家发现，在生物体的细胞核中有一种物质叫染色体，由盘曲得很紧的双螺旋形DNA分子构成，在细胞分裂时出现，每种生物的染色体有一定的数目、形状和大小。基因是DNA分子上的一小段，遗传信息就储存在基因里面。遗传信息决定生物体的后代保持前辈的物种特点，不同物种、不同个体所含的遗传信息不同，所以它们的后代就有差异。

一、聪明是天生的吗

人们称智力发达，理解和记忆力强的人为聪明人。聪明作为人的一种特征，是否天生的？对这个问题，有的人持肯定态度，有的人表示反对，这两种意见都有事实依据。但事实又告诉我们，聪明和愚笨是可以变化的。

17世纪德国数学家高斯，幼年时就显示出很高的数学才能，7岁上小学时，能脱口说出1＋2＋3……＋100的得数，还能熟练地背出对数表中前几位小数。匈牙利的计算机数理大师冯·诺伊曼从小就具有惊人的记忆力，6岁时已能心算8位数的除法，8岁时就掌握微积分运算方法，12岁时能阅读高深的《函数论》。许多电话号码他看过一遍就能背诵出来。

在我国也有这样的人。三国时的曹植10岁时就诵读诗论、辞赋数十万字，父亲曹操命他写《铜雀台赋》，他不打草稿，稍加思索，提起笔来一气呵成。唐朝大诗人李白5岁时就诵读《六甲》24卷，10岁时就通览《五经》和诸子百家，是个学识渊博的神童。在现代，早慧的少年也是屡见不鲜。上海的冯遐，7岁时开始，只用500天就学会了《英语900句》，自学数学、语文也达到了初中二年级的程度。大庆市的曹宇，6岁上小学二年级，用一年半时间学完了小学全部课程，又用四年时间学完了初、高中全部课程，12岁时就成为中国科技大学少年班的学生，16岁大学毕业考取物理学研究生，完成硕士研究生学业后又赴美国攻读博士学位。类似曹宇这样的早慧少年，在中国科技大学少年班里是很多的，如宁铂、沈宇、鲁勇、黄沁等。

有的人在儿童时代反应迟钝，接受能力差，往往被人视为笨孩子。大发明家爱迪生，7岁上乡村小学，只上了三个月的课，就因学习成绩差，被教师认为是愚笨的低能儿，责令他退学，离开学校。物理学家爱因斯坦，3岁时话也说不清，6岁上小学时成绩平平，经常因回答不出教师的提问而受到处罚。生物学家达尔文在学校里学习迟钝，对课程没有兴趣，常常偷出校门去钓鱼、掏鸟蛋，校长斥责他为不可救药的学生。

然而事物是发展的，在发展的过程中会受主客观的影响发生变化。有些天资不高的人，由于后天的努力，充分发掘自身的潜能，使自己的才智得到充分发展，终于成为学有所成的人。也有一些天资很好的人，由于种种原因，才智逐渐丧失，终于沦为平庸的人。这在历史上也不乏先例。北宋王安石写过一篇《伤仲永》的文章，文中记载了一位神童方仲永，5岁时便会作诗，被乡民们称为奇才，但他的父亲不让他继续学习，带着他到处吃喝受礼，后来诗才枯竭，直至“泯然众人矣”！这是个多么沉痛的教训啊！

二、决定聪明的基础是什么

人的智力是从哪里来的？这是人类长期对自身探索的一个问题。早在二千多年前，我国的思想家孟轲就注意到这个问题，在记载他的学说的著作《孟子》中就说：“心之官则思”，“此天之所与我者”。用现代话解释：心这个器官是用来思考的，它是上天特意赋予我们人类的。他的这种观点在我国流传了几千年，形成了许多错误的概念。反映在语言上，现在我们使用的成语中就有：“心领神会”、“心灵手巧”、“心悦诚服”、“心潮澎湃”、“心有灵犀一点通”等；还有些专用名词也名实不符，如研究人类精神行为的学问称为“心理学”，精神错乱称为“心理障碍”，等等。这种误解不仅在中国有，在欧洲也有。古代和中世纪的欧洲，许多思想家把情绪、个性、精神都放到心、肝、胆、脾脏中，他们的语言中就有“胆小”、“心碎”、“发脾气”的词语。古希腊大哲学家亚里斯多德把脑子看成是调节空气的机构，是用来冷却过热的血液的，他的错误观点影响了后代许多人。

人对脑子的研究直到17世纪才开始，到18世纪才了解神经系统的功能。1824年法国解剖学家弗卢朗通过实验研究脑的作用，他切除动物的大脑后，发现精神活动与脑子有关，脑是产生思想活动的物质基础。

现在人们通过对猿人化石的研究，发现早期猿人的脑子比猿类的脑子大得多，黑猩猩的脑重不到400克，大猩猩的体重超过了人，而它的脑重只有540克，猿人的脑重约850～

1000 克，现代人的脑重约 1500 克。从这个比较看，我们是否可以认为脑子越重智力越高呢？这也未必。大象的脑重达 6000 克，大鲸鱼的脑重达 9000 克，但是象与鲸并不比人更聪明，因为人脑的重量相当于体重的 1/50，而象的脑重只有体重的 1/1000，鲸的脑重为体重的 1/10000，大猩猩的脑重为体重的 1/500，黑猩猩的脑重为体重的 1/150，说明人的脑重与体重的比率较上述各种动物都大。但是也有些动物的这个比率较人类还高些，如猴子的脑重为体重的 1/18，百灵鸟的脑重为体重的 1/12，但是它们脑子的绝对重量太小了，无法承受更高级的精神活动，所以人的智力比任何一种动物都高。

以上说明，人脑是智力的物质器官和生理基础，人的智力是大脑进行思维活动的结果。由于各人的脑组织有差异，所以各人的智力也有不同。

三、为什么人的天赋有高低

天赋是指一个人生来就有的智力。既然智力来源于人脑，为什么人与人之间会有智力的差异呢？要了解这个问题，首先须研究脑的构造。

人脑的构造分大脑、间脑、中脑、小脑和延脑五部分，其中大脑是最大也最重要的部分。大脑分左右脑半球，大脑的表面有许多凹陷和隆起，叫做脑沟和脑回，如果将其展开的话，其面积大大超过大脑的表面。低级动物脑的表面是平坦光滑的，发展到高等哺乳动物，才出现这种皱褶。

大脑表面的外层是灰色的大脑皮层，它是由神经细胞和无髓鞘的神经纤维所组成，亦称大脑皮质，主管着身体的各个部位，控制着人的各种功能，是神经活动的高级中枢，也是人的思维活动的中枢。

脑科学研究发现，神经细胞是神经系统的结构与功能的基本单位，称为神经元。它的结构大致可分细胞体和突起两部分，突起又分树突和轴突两种。大脑约有1000亿个神经元，每个神经元的轴突末梢与其他神经元的细胞体或突起相接触，接触的部位称为突触。一个大脑皮层神经元约有30000个突触，因此，大脑内所有的神经元间的突触达到了3×10^{15}个。

突触可以传递神经兴奋的信息，信息传递是依靠释放化学递质来完成的。突触的联系构成了神经回路。由于大脑皮层内神经元的突触多达3×10^{15}个，所以突触形成的神经回路就像蛛网般稠密的电讯网络。当人体的感受器受到外界刺激后，就反馈给神经元，神经元间的突触迅速而有效地传递，爆发性地扩布兴奋，传至相关的神经元。脑科学家通过实验发现，人的智力高低与突触有关，突触越多的人，形成的神经回路越密，思维能力越强。苏联曾对列宁的大脑进行解剖，发现列宁大脑皮层里神经元的突触特别多，因此认为这就是列宁比常人更聪明的原因。

在我们的周围不难发现，有些人思维敏捷，有些人思维迟钝。为什么他们会有这样的差异呢？这首先要从他们自身的生理上找答案。人与人的生理构造大致相同，都有头颅、躯干、四肢，都有脑、心、肺、肝、胃、肾、肠等器官，但是每个人细胞里的遗传基因DNA却不同，遗传基因在人的胚胎形成、生长、发育过程中起着指导性作用，它使人成长为各不相同的人，具有各不相同的大脑，所以人的天赋生来就有高低之分。

四、人类的遗传与变异

自从地球上有人类以来，人类祖先的形体结构、生理功能代代相传，所以儿女像父母。达尔文指出："小孩往往带有祖父、祖母及先代祖宗的若干性质。"子女不仅与父母外貌相似，而且生理功能也一致，如同是复制出来的，一代代这样复制下去，这种现象叫遗传。人类的遗传还继承了人的本能，新生婴儿会自动吮吸乳头，他受到饥寒会啼哭，这些都是不教自会的行为。

人类具有遗传的特性，是因为亲代的遗传因子会代代相传。如果上一代智商很高，往往他的下一代也具有特殊才能。如我国南朝祖冲之是著名的数学家、天文学家、机械发明家，他的儿子祖恒之、孙子祖皓就继承了他的传统，也精通数学、天文。再如南朝的戴逵是音乐家，他既能弹琴，又能作曲，擅长绘画与雕塑，他的儿子戴勃和戴颙也精通音乐，创作了许多乐曲。在国外也有这样的例子，18 世纪奥地利的大音乐家莫扎特，4 岁能弹钢琴，6 岁能作曲，8 岁就创作交响乐，就和他的家族中几代人都有音乐天才有关。在这些杰出人物的身上，可以看出遗传因素所起的作用。

如果上一代有先天性遗传疾病，这种遗传因子也会传给下一代，如白化症，这是先天性代谢差错造成的，这种人的体内黑色素很少或完全没有，他的皮肤和毛发呈乳白色，他所生的后代也会出现白化症。还有一种苯丙酮尿症，父母有此病的也可以遗传给自己的子女，他的子女智力迟钝，弱智，即使加强教育也无法提高他的智力。

遗传是人类在漫长的世代繁衍过程中保持亲代性状的能

力，具有稳定性、保守性的特征。遗传的稳定性表现在种族遗传上最突出，同一个种族的父母，他们生下的子女仍是与父母相同的种族。黄种人生黄种人，白种人生白种人，黑种人生黑种人，种族的遗传已延续了几十万年。

但是，同一种族的每个个体又是千差万别，各不相同的，即使是子女与父母，也是既相似又不尽相同。俗语说："一娘生九子，个个不相同。"在儿子的身上，往往综合了父母和祖辈的特征，可能眼睛像父亲，鼻子像母亲，但他与上代比较也会有许多地方不同：有的父母聪明，他们生下的子女却很笨，有的父母身材高大，子女却身材矮小。所以说，世上没有完全一模一样的人。这种同一起源的个体间在形态、生理特征等方面所表现的差异，叫做变异。

变异是生物界一个普遍的现象，它与遗传一样也是生物体的生理特性。变异使生物具有适应性的特征，是所有生物生存发展的条件。由于有变异性，千万年前的古猿才能演化成猿人，再从猿人逐步演化成为人类的祖先，如果没有变异，哪有我们人类的今天呢？

遗传和变异是一对矛盾，它们既是对立的，又是统一的，在一定条件下会互相转化。由于外界环境的变化，遗传基因的突变，遗传会转化为变异。例如：白人与黑人结婚，他们生出的子女是黑白混血儿，肤色介于二者之间；混血儿与混血儿结婚，他们所生的子女中会出现三种肤色，更黑、更白和黑白之间，与他们的祖辈比较就有很大的差异。如果一个妇女在怀孕期间患过病毒症，服用了镇静剂、堕胎药，她分娩后生下的婴儿就可能畸形（唇裂、脑水肿、心脏畸形、颚裂等），这是环境因素对遗传影响的结果。如果父母因工伤失去一个手指，或者摔倒后骨折成为跛子，他们所生的子女不会少个手指，更不会成为跛子，因为父母的残肢没有引起遗传基因的改变，所以残肢是不会遗传的。可见变异也有两种：一种是遗传基因突变引起的，叫做遗传变异；一种是环境改变引起的，受自然选择的结果，叫做环境变异。

五、优生优育的重要性

大至一个民族，小至一个家庭，都希望自己的子孙后代健康，智慧。为了达到这个目的，人们在长期的社会实践的基础上逐渐懂得，必须在男女婚配上进行某种必要的限制。我国《左传》上就有“男女同姓，其生不蕃”的说法，意思是男女双方同姓氏结婚的，后代人丁不旺。这表明我国在二千多年前就发现近亲结婚会带来危害，所以古人禁止近亲结婚。到了明代，明太祖亲自主持制订《大明律》，禁止姑、姨表亲之间通婚。清朝的《大清律》也沿用了明朝的规定。解放前社会上虽有近亲结婚的家庭，但所占比例很小。新中国成立后，我国制定了《婚姻法》，其中第六条规定：“禁止直系血亲和三代以内的旁系血亲结婚。”直系血亲是指有直接血缘关系的父母、祖父母、外祖父母，子女、孙子女、外孙子女等亲属。旁系血亲是指直系血亲以外的血亲，如兄弟姊妹、堂兄弟姊妹、表兄弟姊妹、姨兄弟姊妹，三代以内还包括叔侄、舅甥、姑侄、姨侄等。

为什么要作这样的规定呢？首先，这是维护伦理道德的需要。人类社会进入文明时期，必须摒弃原始落后的婚姻方式，抵制愚昧落后的性行为。其次是为了有个健康、智慧的后代。在历史上曾经出现过直系血亲婚配的事例：古代埃及托勒密王朝的国王都是亲兄妹结婚，古埃及女王克利奥佩特拉就和亲弟弟结婚。古波斯的国王娶亲妹妹为妻。古罗马皇帝尼禄公开与生母古里比娜通奸，在他的影响下，古罗马中上层社会中近亲通奸之风盛行，导致古罗马人口素质下降。后来当北方外族入侵时，罗马帝国不堪一击地失败了，这也是一个重要因素。对于一个民族来讲，这是多么沉痛的血的教训啊！

近亲结婚也会使家庭蒙受灾难。进化论学者达尔文娶表姐艾玛为妻，他们生了六男四女，其中两个大女儿夭折，三女儿终生不育，其余五个都是智力低下者。古人类学家摩尔根与表妹玛丽结婚，他们所生的两个女儿早夭，仅剩下一个儿子，还是个痴呆。

据调查，近亲结婚的流产率较高，死胎和新生儿死亡率比正常高出 1.5 倍，幼儿死亡率比正常高出近 1 倍。近亲结婚所生的新生儿会出现先天性畸形，如脊柱裂、无脑、唇裂、腭裂等，出现遗传异常，如变性人、两性人等，还有智力迟钝、智力低下、先天性聋哑等症状。这种情况的出现，给家庭和婴儿都带来痛苦，贻害无穷。

我国《婚姻法》还规定："患麻风病未经治愈或患其他医学上认为不应当结婚的病，禁止结婚。"采取这一限制可以防止患有精神病的人、白痴、假性人、有某些遗传性疾病的人结婚给后代造成影响。有这样的例子，英国维多利亚女王，过去她的家族中没有患血友病的人，后来她的一个儿子患了血友病，不久女王的外孙中又出现了几个血友病人，其实这些人的血友病都是女王遗传给他们的。我国太行山区涿鹿县的一个村子，该村有 2122 人，经过北京军区总医院调查发现，其中有痴呆人142人，发病率高出其他地区百倍。这是由于该地交通不便，痴呆人相互结婚，他们所生的子女也是痴呆人。所以婚前体检，严格把关，是一项正确措施，必须坚持。如果已婚夫妇后来体检中发现有不宜生育的遗传病，就不要生育，以免给后代留下痛苦。

《婚姻法》还规定结婚年龄："男子不得早于22周岁，女子不得早于20周岁。晚婚晚育应予鼓励。"过去有的地方实行早婚，男女双方正在生长发育时期就结婚生子，不但伤害了自己的身体，而且使胎儿发育不良，生下来体弱多病，不易哺育，容易夭亡。为了自己的健康，为了下一代健康，为了家庭幸福，应该提倡晚婚晚育。

六、进行胎教有何意义

人们为了生出一个健康、智慧的孩子，在妇女妊娠期，就对腹中的胎儿施加影响，使胎儿降生后特别聪明。这种对胎儿影响的方法称为胎教。

近年来，世界上掀起一股胎教热。人们以为这是新潮，其实我国自古就有胎教，战国时的孟母在怀孕时曾经说过："吾怀妊是子，席不正不坐，割不正不食，胎教之也。"《史记》记载："太任有妊，目不视恶色，耳不听淫声，口不出傲言。"这都是讲怀孕的妇女对丑恶的东西不看、不听、不说，席子不摆正不坐，食品不整齐不吃，都是为了胎儿不受坏的影响。

古人以为孕妇的一举一动直接影响胎儿。这种认识是否有道理，过去无法解释，现在有许多学者对此进行了研究。奥地利的约特马恩医生曾对141名孕妇进行调查，他根据孕妇对怀孕的不同态度和分娩后的情况分为四类。第一类是理想型：怀孕时情绪稳定，顺利分娩，出生的婴儿健壮。第二类是灾难型：对怀孕持消极态度，胎儿早产，新生儿体重轻，情绪不稳定。第三类是矛盾型：既想要孩子，又不想要孩子，降生后的新生儿往往肠胃有毛病。第四类是冷酷型：不想要孩子，偏偏怀孕上，情绪低沉，出生后的新生儿精神不振，反应冷淡。这份调查说明，孕妇的精神状态直接影响胎儿性格的形成。

为了生一个健康、活泼、聪明、伶俐的婴儿，妇女在怀孕期间应有稳定的情绪，她所看的电影、电视应该是轻松愉快的，听的音乐应该是优美的，不宜看惊险、恐怖、神怪、凶杀的影视片。古人以为孕妇如果心有邪念，对胎儿也会潜移默化。

当孕妇听音乐时，胎儿是否也能听到音乐？尤其是将播送音乐的送话器放到孕妇的肚皮上时，胎儿能否听到音乐？对这个问题，加拿大精神病理学家维尼认为：6 个月的胎儿已经有意识，有反应；特别是最后 3 个月，胎儿在精神上、感情上极为活跃，能听、能看、能感觉，对母亲的情绪很敏感，对不同的音乐有不同的反应。美国心理专家沙特建议胎儿的父母对胎儿唱催眠曲，他认为胎儿听到歌曲后会做出特殊的持续蠕动。

美国加利福尼亚医院的妇产科主任法兰博士给孕妇听鸟叫声和车子轰鸣声，然后通过装在子宫里的监听话筒能听到声音，法兰说："简直不敢相信子宫里一点也不安静，传来的声音竟是如此之响。"美国北卡罗莱纳大学的心理学教授 A·得卡斯伯通过实验发现，胎儿不仅能听到声音，而且对声音有选择，在母亲的声音和另一位妇女的声音同时响起时，胎儿选择自己的母亲，因为母亲的声音不绝于胎儿之耳。

然而有些学者对胎教持怀疑态度，他们认为胎儿听到音乐是愉快还是不愉快，现在还不清楚，在胎教的实际效果还不明确时，不宜进行胎教。日本京都夏山医院的夏山院长对孕妇建议：在胎儿器官形成以前（约12周），孕妇要安静地生活，不要随便吃药；在胎儿急速成长的后期，要吃含锡与铁的食物，以利胎儿发育；至于孕妇听音乐，对胎儿说话，都可以做。这样，能使孕妇本人身心愉快，为迎接胎儿的降生做好充足的心理准备。

七、关心智力超常发展的儿童

古今中外都有一些智力超常发展的儿童，被世人称为“神童”。我国历史上就有这样的人。战国时期秦国的甘罗是个奇才，12岁时被秦王封为使臣，出使赵国，他以机智与辩才，迫使赵国献出5座城池，秦王大喜，封甘罗为秦国的上卿。初唐四杰之一的王勃，5岁时已能写诗，15岁时就上书唐高宗；26岁写《滕王阁序》时，临场受命，提笔疾书，不加思索，一气呵成，通篇不改一字，众人对他的才思敏捷无不折服。

国外也有这样的人。19世纪英国的女神童戴西·阿什福特，4岁就创作一部描写教士趣事的剧本，9岁时写出了著名的小说《年轻的来访者》，这部小说是以儿童的目光观察上流社会的杰作，人物描写生动有趣，出版后销售几十万册。本世纪美国著名的小提琴家梅纽因，5岁时小提琴拉得很好，7岁时他与旧金山交响乐团合作登台演出，获得成功。

现在，在中国科技大学少年班里，就聚集了一批早慧的儿童。他们与青年大学生相比有许多不同之处，在生理上处在儿童阶段，正在发育成长；在心理上天真幼稚，充满幻想，喜爱游戏；在生活上缺乏自理能力，离不开大人的照料。所以少年班的教师正根据他们的特点，进行着有针对性的教育与辅导。

和这些得天独厚的孩子不同，在社会上也有一些智力超常的儿童，由于他们的智力比其他儿童高出很多，对学校按部就班的教学感到乏味、厌倦，往往不好好听课，在课堂上做小动作，影响同学上课，又不屑于完成作业，因而教师批评他，同学们孤立他，父母还训斥他。由于这些原因，他们在思想上产生逆反心理，干脆"破罐子破摔"，个别人受坏人的勾引堕落下去，成为社会上的少年犯。这是令人痛心的。

对于这样的学生，教师应该认清他们的特点，采取因材施教的方法，充分调动其积极性，允许他们在学习上打破常规，除主课外兼学其他知识；可以跳级升学；可以在家自学，定期返校测试，提前授予学历证件；也可以向高校少年班推荐，使他们得以充分发挥自己的智慧和才能。

有些智力超常的儿童在成长为青年的过程中会出现"青年危机"，如果不加引导，他们的情绪会逐渐消极，对理想、前途发生困惑，失去继续奋斗的动力，逐步沦落为无声无息的平庸人。英国的女神童戴西·阿什福特长到十几岁后就不再写一个字，以后默默无闻直至终老。英国的约翰·斯图尔特·米尔是个神童，钻攻哲学颇有成就，但到20岁时，思想上困惑起来，除了读书钻研之外，对生活没有丝毫兴趣，以致思想上极度痛苦，几乎精神崩溃。

还有个奇怪的现象，智力超常的人往往英年早逝。唐代诗人李贺，少年失意，悲愤抑郁，27岁就死了。梁朝昭明太子萧统，只活到31岁。奥地利作曲家舒伯特活到31岁。意大利画家拉斐尔活到37岁。这种英年早逝现象，与他们不良的生活环境（家庭的，社会的），不好的生活习惯，沉重的心理负担，繁重的专业工作有关。如果给他们以有利的生活条件，适宜的工作环境，使他们在宽松愉快的条件下工作与学习，他们会健康的生存下去，充分施展自己的聪明才智。这也是教育者不可推卸的责任。

八、智力遗传中的特异现象

人的智力包括观察力、注意力、记忆力、思维力、想像力等。其核心是抽象思维能力和创造性解决问题的能力。怎样表示一个人的智力水平呢？1904年法国心理学家比内和西蒙，设计了一种测试的方法。他们选择一些反映智力的问题，由被测试者回答，从而确定他的智力水平。这种智力测验的结果用“智商”（IQ）来表示。智商就是通过测试测出的“智力年龄”除以“实际年龄”所得的比值，乘以100，消除小数。智商是200分制，最高的分数是200，最低的是0，分数越高，表示智力越高。他们的做法开启了智力测试的先河。

有人对2904个不同年龄的人进行智力调查，发现这些人的智商分布为三段，第一段，IQ低于70，为智力低下者，占被调查人数的5%；第二段，IQ在70～140之间，为智力中等者，占被调查人数的93%；第三段，IQ在140分以上，为智力卓越者，占被调查人数的2%。

遗传学家赫尔斯特把智力分为10级：

第10级：IQ200分，是天才。

第 9 级：IQ180 分，是智力极高者。

第 8 级、第 7 级、第 6 级可以类推。

第 5 级：IQ100 分，是智力中等者。

第 1 级：IQ20 分，智力低下，是白痴。

第 10 级与第 1 级是 IQ 的两端，一端是天才，一端是白痴。这两者本来是截然不同的，按理在一个人身上不会兼而有之，可是遗传给人开了个大玩笑，居然使两种智商在一个人身上同时出现。社会上就有这样的“聪明的傻子”、“白痴的学者”，他们既是奇才，又是白痴。

20 世纪 60 年代，苏联基辅地区有一对双胞胎，他俩的智商相当于白痴，加减乘除都不会，简单的数目都算不清，可是他们有一个特长，对历史上的日期却能算得一清二楚。有人问他们 1993 年 2 月的第四个星期一是哪一天，他们一口回答：“2 月 22 日。”有人再问 1936 年 5 月的第三个星期一是哪一天，两人不假思索，脱口而出：“5 月 18 日。”别人接连问他俩 50 个日期，也屡试不爽。再问他俩是怎么计算出来的，他俩却相顾茫然，答不出来。

美国伊利诺斯州的医院里有三个智商很低的患儿。一个是 8 岁的儿童，他既不会写字，又不会做事，却能准确无误地背诵杂志上的文章。第二个孩子没有学过拉丁语，却能流畅地用古拉丁语唱歌。第三个孩子才 6 岁，却能通过机械记忆，背诵出总统的国情咨文，还能将别人念给他听的词，按顺序或倒序拼出来，其实他并不明白词的含义。

奥地利一个乡村神父家里收养了一个智力低下的养子，他什么事也学不会，只能干些粗活。晚上，神父常与警官下棋消遣，傻子就站在一旁观看。一天晚上下棋时，神父被人喊出去有事了，傻子竟接替神父下棋，并轻易地取胜了。神父回来后，听说傻子会下棋，不敢相信，就与他连下几盘，结果都输了。

报纸上曾经报道过一个白痴的事迹，他什么事都学不会，对社会上的事一无所知，但是他对核武器却有特别丰富的知识。他了解核裁军谈判的内容，能提出核发电厂经营的意见。类似这样的奇人在世界各地的一些精神病院里往往可以见到。

西安医科大学第一附属医院在 1987 年发现一个男性白痴，当时 19 岁，身体发育正常。经测试，智商为 44，连三个梨吃掉一个还剩几个都算不出来；生活也不能自理。可是他有特殊的才能，虽未经专业训练却能演戏，会演地方戏，会唱流行歌曲，会奏多种乐器，还会口技。陕西省戏曲研究院院长观看了他的表演后，评价说："演技达到相当高的水平。"

这些奇才是什么原因造成的？国际上脑科学家、精神病学家、教育心理学家对此进行过各种研究。有一种意见认为，这种情况的产生与人的大脑构造有关，因为人脑不是一个圆球，而是两个半球相连，如果在母体内发育时，有一个脑半球受阻而萎缩，另一个半球发育特殊化，就会出现白痴加奇才。这种理论还有待于科学实验来检验。现代医学界有人用药物治疗与智力教育相结合的办法来医治，效果很不明显，因为这种白痴不是智育因素不足所造成的。

第二章　环境的影响

人是社会的动物，任何人都不能离开社会而孤立生存。因为人要通过社会才能获得衣、食、住、行等赖以生存的物质基础；还要通过社会才能学会语言，并使用语言与人交流思想、传递信息、学习知识。社会环境对人的意识的形成起着决定性的作用。如果一个人从出生之日起就离开人类社会，离群索居，或终日与野兽为伍，他只能成为一个具有人的外形而无思想意识的动物。

一、狼孩、猪孩的性格特征

人的智慧是从遗传获得的吗？不是。人类通过遗传只能获得产生智慧的生理基础，人的智慧主要是在人的发育成长过程中，在实践中逐步学习积累起来的，是后天获得的。

1920 年 10 月 17 日，印度的辛格牧师在米德纳普尔密林中，从狼窟里救出两个被狼豢养的孩子，他们的外形像人，但只能用膝盖在地上爬行，一双眼睛熠熠发光。辛格将他们带回孤儿院，给他们洗澡、理发，才看清这是两个女孩，大的八岁左右，小的才十八九个月的样子，她们怕与人接触，躲在屋内，脸对着墙，一动也不动；进食时不用手拿，像狗那样从盘子里舔；不会说话，夜晚会像狼那样嚎叫。辛格和他的夫人教这两个孩子认识物体，学习语言，但她们接受得很慢。小的孩子在第二年患肾炎死了，大的孩子又活了 9 年。在这段时光里，她只是从习惯裸体到穿上裙子，初步辨认出周围的人，懂得用水洗身体，学会 45 个单词，用不成句子的单词表达意思，用点头和摇头表示肯定与否定，已经 17 岁了，智力才相当于 3 岁的孩子。就在她刚刚恢复人性时，不幸患尿毒症死去。从狼孩身上我们可以发现，人在婴儿时期脱离社会环境，得不到人的教育训练，他就不可能成长为正常的人。

下面再举一个猪孩的例子。1983 年 6 月，中国医科大学一位教授率领的考察团，在辽宁省台安县农村发现了一个与猪生活在一起的猪孩。她蓬头垢面，满身污泥，满头虱子，四肢着地，不能直立行走。这孩子怎么会这样？经过调查才知道，她是个 9 岁的女孩，生父是个聋哑人，母亲患过大脑炎，导致中度智残，怀她 4 个月时离婚，改嫁给一个傻子。由于母亲和后父都是智力缺损，孩子出生后得不到父母的爱抚与教育，饿了就去吃猪奶，与猪生活在一起，逐渐养成猪的行为习惯，与猪同槽吃食，像猪一样蹭痒、睡觉。考察团当即将她带回学校进行抚养与教育。经过测试，她连简单的词句都不会说，没有数的概念，分不清物体的大小、多少、高低、颜色，智商只有 39。经过三年的教育训练，她有了明显的进步，不仅能直立行走，而且能部分生活自理，并进入当地的弱智班学习。到 1987 年，她的智商已达到 68，离开弱智班上小学，能在黑板上写出“好好学习”、“我爱老师”等的字样。

为什么猪孩比狼孩的智力提高得快呢？这是因为猪孩一半与猪接触，一半与父母接触，从猪那里学会了适应环境的生活本领，从父母那里学会穿衣、吃饭、手势。有了后一种影响，再加上三年的教育与训练，所以能够克服猪的生活习惯，使自己的智力有所增长。

以上事例充分说明，人的智慧只有在社会环境中，通过实践，接受后天的教育，才能培养出来，世界上没有什么“生而知之”者。

二、环境对人的影响

战国时的大思想家孟轲，童年时贪玩，看到邻里做什么就去模仿。他家在城郊，常有人来这里办丧事，孟轲见了，就学着在坟墓旁办丧事。孟轲的母亲发现儿子的举动，心里不安，决定迁居，将家搬到城内。在城里，孟轲看到商贾贩卖货物，就模仿商贾叫卖，孟母发现儿子的行为，就又一次迁居，搬到一座学宫的旁边。在这里，看到学宫里的儒生设俎祭祀先贤，孟轲就模仿儒生的举止，演习揖让进退之礼。孟母这才定居下来。孟轲在这里耳濡目染，专心读书，后来终于成为一个有学问的思想家。从这则故事中，我们可以发现，二千多年前的人就已经懂得环境对人的影响。

晋朝傅玄说过：“近朱者赤，近墨者黑。”这个比喻是说一个人接近谁就学谁。从古今中外许多名人的事迹来看，少儿时，环境的影响对他今后的成长关系极大。著名的喜剧大师卓别林，在婴儿时就被母亲抱着登台表演，两岁时就跟着父母学踢踏舞和唱歌，父母每次到外地演出都带着他。后来，父亲抛弃了家庭，他母亲靠卖唱的微薄收入养活着他和5岁的哥哥，卓别林从小就体验了穷人的生活。他5岁那年，母亲在伦敦附近演出时突然病倒，卓别林大胆地顶替母亲上台演唱。他模仿母亲的表演惟妙惟肖，获得成功，观众报以热烈的掌声，把钱洒到舞台上。从此以后，卓别林就经常登台演出。他虽然没有进过学校，没有经过专业训练，但是环境就是最好的学校，生活造就了他，使他成为一名杰出的艺术家。

美国一家跨国公司的总经理露易斯，是一位年仅20岁的姑娘。她在这位置上干得十分出色，是一个不可多得的人才，这与她从小就有创造财富的经历有关。她3岁时就为小朋友代洗洋娃娃衣服。看到高年级学生在街上给人擦皮鞋，她也背了小木箱上街擦皮鞋挣钱。5岁时在幼儿园学会了折纸鹤，她用围裙提了好些纸鹤出去卖，挣回两张纸币。9岁时，母亲给她的生日礼物是给她找了一份洗盘碟的工作，她每天下午放学后干一小时。打工的生活使她得到磨炼，为她后来投身商界打下了坚实的基础。

环境的影响既有正面的，也有负面的。正面影响可以造就一个人，负面影响可以毁坏一个人。华东某地一个14岁的小姑娘，在家里被娇宠得连洗脸、穿鞋都有人服侍。她养了一条狼狗，雇了一名“狗保姆”，常纵狗伤人。有一次她纵狗伤人时，把人咬死了。她被关进看守所后，又哭又闹，还猛咬看守的手臂，因此被戴上刑具。她竟然说：“放我出去，多赔点钱不行吗？”

为什么这个小姑娘会如此蛮横呢？原来是受她父亲的影响。她父亲是一个拥有十几家工厂、九家公司的大老板，他用钱打发走小姑娘的生母，对后来娶的妻子也经常打骂，还说什么“老子有钱，可以买个洋妞回来玩玩，你算个啥！”这样的家庭能给孩子带来好的影响吗？

在这样的环境中，走上犯罪道路的少年并不少见。在美国，一个7岁小男孩竟将邻居家一个5岁的女孩绑起来，用水果刀将她杀死。当人们问他为什么要杀人时，他说，电影上就是这样杀的，我也试一试。这个男孩中了凶杀电影的毒。许多有害的影视、黄色的书刊腐蚀着少儿的心灵，使他们逐步走上歧途。

破碎的、不良的家庭和社会上的阴暗角落常常是少儿犯罪的渊薮。我国某地曾破获一个扒窃团伙，扒窃犯都是11～12岁的儿童，他们受一个青年的控制。此人向儿童传授扒窃的技术，收取扒窃得来的钱，谁要是偷不到钱，不但吃不上饭，还要挨揍。经审查，发现这些流浪儿多半是父母离异，无家可归，流落街头的孩子，加上受坏人的胁迫，走上了歧途。要使这些孩子改邪归正，需要付出很大的努力。

为了孩子的健康成长，必须造就良好的教育环境，从小养成他们良好的习惯。美国的大富豪洛克菲勒虽有百万家财，但他从不让子女乱花钱。他规定孩子7～8岁时开始给零用钱，每周仅给3美分，11～12岁1元，12岁以上2元，而且要求孩子记账，把每笔支出记清楚。他鼓励子女做家务，如打苍蝇、擦皮鞋、拔草、打老鼠等，对完成任务的给予适当的金钱奖励。良好的家庭教育，使他的子女没有一个纨袴子弟，长大以后有的成为学者，有的成为企业家，有的当上美国副总统。

从以上所举的事例可以看出，人的认识是从他所生活的环境中获得的，人的天赋只是一种潜能，只有社会实践和环境的影响才决定人的世界观的形成，确定儿童今后所走的生活道路。

三、人才与环境

为了说明环境对人童年时期的影响，特辑录以下几则名人的故事，通过故事我们可以看出家庭教育、师友帮助、经济生活、社会环境等因素对儿童的身心成长所起的作用，它有助于使儿童选择正确的人生道路，初步确立正确的人生观。我们应该创造条件，使儿童在适宜的环境里充分发展自己的聪明才智。

（一）明朝科学家徐光启

徐光启（1562—1633）是我国明朝的科学家，也是我国近代科学的先驱。他童年时家境贫寒，父亲种田务农，母亲和祖母在家纺纱织布，一家人辛勤劳动，勉强能糊口。徐光启从小就很懂事，到学塾里读书从不偷懒，回到家里就看书做作业。课余时间，他喜欢到田里去，在父亲身边学着松土、拔草，干点轻活，边做边问，对农事很感兴趣。

一年盛夏时节，徐光启放学回家，路过一块棉田，田里长着绿油油的棉株，只见一位老爷爷正在把棉株的顶芯摘去。徐光启看了感到奇怪，就上前向老爷爷请教。老爷爷耐心地告诉他："现在大暑已过，快到立秋，棉株继续长下去就不能再结棉桃了。所以把顶芯摘掉，让养分集中供给已经结的棉桃，让它长得又大又白。"徐光启这才明白了其中的道理。

第二天下午，徐光启来到自家的棉田，发现田里的棉株都没有摘顶芯，他就动手把一棵棵棉株的顶芯摘掉。这时他父亲挑了一担粪水到田边来，发现后大惊失色，责问他为什么糟踏棉株。徐光启就把老爷爷讲的话告诉父亲，父亲听了恍然大悟，夸奖徐光启做得对。

这年深秋，到了摘棉花的时候，田里棉株上结出又大又白的棉桃，比历年的收成高得多，一家人都十分高兴。徐光启通过这件事得到启示：要种好庄稼，必须多读书，多向有经验的老农学习。所以他就千方百计地借来历代的农业书籍看，经常访问老农，向他们讨教。后来他考中进士，做了官，仍然不忘农业，曾编著了一部70万字的《农政全书》，这是一部农业知识百科全书。徐光启71岁时被朝廷任命为东阁大学士，职务相当于宰相。

（二）天文学家李珩

李珩（1898—1989）是我国著名的天文学家，出生于四川成都的一个商人家庭。5岁时父亲让他进私塾读“四书”、“五经”，他不感兴趣，却迷恋上星空。夏天的夜晚，大人们都在庭院内纳凉，小李珩依偎在母亲的身边，仰脸看着星空。忽然发现有一颗星很快地划过天空后消失得无影无踪，他惊奇地问母亲：“刚才天上掉下一颗星，爷爷说‘天上一颗星，地上一个丁’，一颗星掉下来，是不是死了一个人？”

李珩的母亲是个有文化教养的人，她解释说：“那是流星，是天空中一种很小的星，它失控时就向地球坠落，进入地球的大气层时，与大气发生摩擦，就发热发光，最后烧成灰烬。流星与人的生死无关。”

李珩又问：“爷爷说天上有条银河，这条河是哪里来的？”

他母亲就详细地告诉他：“你抬头仔细看看这条银河，它是由许多大大小小的星球所组成，星球间的距离很大，由于它离我们很远，所以看上去连成一片，好像是条银白色的河流。河东边比较亮的星叫牵牛星，河西边那颗星叫织女星，人们还编出了牛郎、织女七夕相会的故事哩！”

李珩听了越发对天空的星星产生浓厚的兴趣。一天他问母亲："天上哪颗星是北斗星？"他妈妈就对他说："你抬头向北边天空望，那里有7颗较亮的大星，如果用根线把7颗星连接起来，它就像把大勺子，因为它一直在北边天空，所以叫它北斗星。人们在野外可以根据它来确定方向，不至于迷路。"

李珩越听越入迷，要求他妈妈继续讲天上星星的知识给他听，他母亲为难地说："我也只懂得一点，哪能全部回答你的问题哩。你如果想懂天文，就自己去学习。我听说学天文的人数学、物理都要好，你有这个决心去学吗？"

李珩听了，就下定决心去学天文，他长大后就离家到华阳中学读书，中学毕业后进入华西大学学天文，1925年到法国巴黎大学留学，1933年回国从事天文学研究，并主持上海天文台工作。

（三）钢琴家傅聪

傅聪（1934— ）是我国著名的钢琴家。他出生在上海一个知识分子家庭，父亲傅雷是一位精通音乐、美术并翻译法国文学著作的作家。傅雷家里经常有教授、作家、画家来访，客人们与傅雷在一起谈人生、谈哲学、谈艺术、谈文学。傅聪从小就爱听他们高谈阔论，开始时傅雷不允许，后来发现孩子很执著也就允许了。长期的旁听，增长了傅聪的见识，使他对艺术产生了兴趣。

傅聪很小时就爱听古典音乐，对音乐表现出浓厚的兴趣，傅雷就请好友雷垣做他的老师。雷垣对傅聪进行测试，发现他的乐感很强，并能很快地记住乐谱，就愉快地收下这个7岁的学生。傅聪的父母听了雷垣的话很高兴，他俩卖掉首饰凑足了钱，给傅聪买了一架钢琴，傅雷还亲自给傅聪抄五线谱。雷垣每天指导傅聪练钢琴，从不间断。

傅聪经过多年的刻苦学习，演奏钢琴的技术终于达到炉火纯青的地步。18 岁时参加了上海交响乐团的演出，获得成功。后来他多次参加国际钢琴比赛并获得大奖，成为国际知名的钢琴家。

（四）昆虫学家法布尔

法布尔（1823—1915）是法国的昆虫学家。他出生于法国南部山区一个小村庄里，村前有一条小溪，村外杂草丛生，村后是山林。法布尔在这样的自然环境里长大，在他的周围是花草树木，天上飞的鸟雀，花间来去的蝴蝶、蜜蜂，水里游的鱼虾，这许多动物发出各种各样的鸣声，引诱法布尔与它们接近，所以它们都成为小法布尔的好友。

法布尔 7 岁时被送到村里小学读书，可是那所小学太简陋，只有一个杂事多如牛毛的教师，这教师对孩子的教育很马虎，小法布尔在学校里只能勉勉强强背诵乘法表，至于课本他连字母都分辨不清，这种学习成绩真令父母担心。一天，他的父亲赶集时买回一张挂图，上面画着 26 种动物，每种动物下面有它的名称，左上角注有这个动物名称的第一个字母，右下方把这些字母排成字母表。法布尔拿到这张挂图十分喜爱，就把它挂在墙上又看图，又识字。不用三天功夫，法布尔不仅认识了 26 种动物，而且连它们的名称和第一个字母也能读出来。回来再读课本，他只用一周时间，就能将课本上的字都读了出来。

教师发现法布尔进步很快，就奖励他一本拉封丹著作的寓言集。法布尔接过书来一看，只见书上印着狐狸、狼、乌鸦、猫、狗、小鸟、小虫这些动物，正是他最喜爱的东西，他对这本书爱不释手。这些挂图和书引起了法布尔研究动物的兴趣，从此他就与动物结下不解之缘。后来他进入中学、大学，获得博士学位，专门从事生物学和昆虫行为学的研究，曾经写出《昆虫记》十卷，成为世界著名的昆虫学家。

（五）电磁学家威廉·汤姆生

威廉·汤姆生（1824—1907）是英国的电磁学家。他出生于英国爱尔兰的贝尔发斯特，父亲是数学教授，母亲是富家女儿，兄弟姐妹很多。6 岁那年他的母亲不幸去世，父亲就负担全家人的生活。父亲出身于农民家庭，靠自学上的大学，深深懂得没有刻苦的学习不能成才，所以对孩子的要求很严。在汤姆生小的时候，父亲就对他进行系统的数学教学。后来汤姆生的父亲被格拉斯哥大学聘请去教学，格拉斯哥位于苏格兰，他们全家就搬迁到这里。

当汤姆生的父亲讲课时，总是把汤姆生和他的哥哥杰姆带到教室里旁听，这时汤姆生才 8 岁，杰姆 10 岁。大学生发现课堂里多了两个小孩，感到惊奇，以为这两个孩子是来玩的，可是发现他俩认真记笔记，一点也不含糊，就不再怀疑了。弟兄俩在大学里旁听了两年后，就正式进入格拉斯哥大学预科学习。其实，汤姆生以前并没有进过学校，是他父亲自编教材，亲自授课，为他打好了文化基础。

汤姆生在大学里认真学习数学、物理、天文，15 岁时获得学校物理学奖，16 岁时获得天文学奖；由于论文写得出色，还获得大学金质奖章。20 岁时大学毕业，22 岁时当选为格拉斯哥大学的教授。他在电磁学、热力学方面做出了杰出的成绩，并领导建立了世界上第一条大西洋海底电缆，为发展有线电通信做出了贡献。

（六）大发明家爱迪生

爱迪生（1847—1931）出生于美国俄亥俄州一个农民的家庭，父亲是个勤劳的农民，母亲是个有文化的乡村女教师，全家有七个孩子，爱迪生是最小的一个。他比一般孩子更好奇，而且有一种付诸实验的欲望，为此闹过许多笑话。4岁时，为了看清蜂窝的秘密，他上前用手去触摸，被野蜂蜇得鼻青脸肿。6岁时，为了试验火的威力，他用火点燃了家里的牲口棚，将棚子烧光。他为了试验鸡蛋孵小鸡，自己伏在一堆鸡蛋上一整天。他看见鸟儿在天空飞翔，心想，人体里如果充起气来，一定也能飞上天，他发现一种药粉能产生气体，就让小伙伴米吉利喝下去，不料米吉利肚子产生剧痛，大哭大叫起来。爱迪生的爸爸知道了，把爱迪生打了一顿，不许他再搞实验。爱迪生听了十分着急，还是他的妈妈出面干预才取消了禁令。

爱迪生7岁时，全家搬到密执安州休伦港市郊，8岁半时才进乡村小学读书，在学校里只学了三个月，每次考试都是最后一名，教师认为他是糊涂虫、低能儿，不是读书的材料。爱迪生的母亲听了很气愤，就让儿子自动退学了。

爱迪生的母亲有一定文化水平，就在家辅导爱迪生自学。由于母亲的精心教育，爱迪生11岁时就自学了《科学百科全书》。母亲发现爱迪生特别喜欢化学和物理，而且喜欢自己动手做实验，于是在家里的地窖里建起一个小小的实验室。爱迪生自己做了个木架子，上面摆满了各种瓶子，里面放了各种化学药品，这都是用母亲给他的零花钱积攒下来买的。后来当实验需要更多的化学药品时，爱迪生没有足够的钱，就到当地的火车站去卖报纸和点心，用挣来的钱买化学药品。

由于家庭经济情况日益恶化，12 岁的爱迪生就到火车上去卖报。在火车上空闲时间多，他征得车长同意，在行李车的一角布置了一个小小实验角，他在这里一面做实验，一面阅读从图书馆借来的图书。

一天，他做实验时，不小心把黄磷掉到地上，引起车厢着火，虽然很快扑灭了，但车长很恼怒，重重地打了爱迪生一记耳光，从此爱迪生的右耳被打聋了。但挫折并没有使爱迪生灰心，他继续努力钻研。15 岁时被车站录用为电报员，他争取值夜班，以便白天读书、做实验。5 年后他来到纽约，在这里开创了他发明创造事业的新天地。爱迪生一生中有 1000 多项发明，平均每 3 天就有一项新发明诞生。由于他发明了电灯、电话、电影，人们的生活才更加丰富多彩。

（七）化学家法拉第

法拉第（1791—1867）出生在英国纽因敦城一个铁匠的家里，一家 6 口人，只靠父亲一人打铁为生，生活相当艰难。母亲识字不多。法拉第童年时期是在饥饿中度过的。当他 5 岁时，全家人为生活所迫，迁居到伦敦，在马车行的楼上租了间房住下来，他父亲就在附近的铁匠铺里打铁。

由于贫穷，法拉第在公立小学只读了 3 年，就到社会上谋生。13 岁时他到一家书店里当勤杂工，书店老板见法拉第做事勤快，聪明能干，就叫他学习装订书籍，法拉第一有机会就读他装订好的新书。由于刻苦学习，他获得了很多知识。他最爱看的书是《大英百科全书》和富兰克林的电学著作。他在书店里当了 8 年学徒，等于上了 8 年学校。

书本知识不能完全满足法拉第的需要，他就设法搞到皇家学院学术讲座的入场券，去听皇家学院戴维教授的演讲。戴维的演讲激起了法拉第从事科学的满腔欲望，他给戴维教授写了一封信，恳求在皇家研究院给自己找一份工作。戴维很喜欢这个青年人，便推荐他进了皇家研究院，成为一名实验室的助手。他在戴维的指导下进行了许多项化学实验。到 25 岁时，他在《科学季刊》上发表第一篇化学论文，这是他在科学的道路上跨出的坚实的第一步。28 岁时他创立了电化学，29 岁时他用电解法发现了钾、钠元素，第二年他又分离出钡、锶、镁、硼等元素，轰动了化学界。

（八）生物学家朱洗

朱洗（1900—1962）出生在我国浙江省临海县一个商人家庭。他的爷爷开了一个小中药铺，喜欢栽花种草，养猫喂鸟。为了捕捉鸟雀，他爷爷设计制作了一只带机关的鸟笼，笼里养了一只特别好斗的黄雀。离他家不远处有座长满竹子的小山，清晨，爷爷拎着特制的鸟笼，带着朱洗上山去捉鸟。爷爷将鸟笼挂在大树上，然后他俩就躲在一旁。那只被关在笼中的黄雀用宛转的歌声引来了别的鸟雀，鸟笼的四面都敞开着一扇小门，被吸引来的鸟雀先在笼子周围飞，与黄雀对唱，不久就钻进小门，贴近黄雀，与它比赛歌喉，显示羽毛，后来发生争吵，互相对啄起来。正当它们斗得难解难分时，爷爷出其不意地上前关闭了笼门，那几只参战的鸟雀就被捉住，朱洗高兴得拍手欢呼。

朱洗经常跟随爷爷上山捉鸟，逐渐认识了各种鸟雀，熟识了各种鸟雀的生活习性。对昆虫他也有兴趣，有时一个人蹲在地上观察蚂蚁搬家；有时寻找蝴蝶；当他发现菜叶上有小虫时，就把它捉来仔细观察。家里买来鱼虾时，他恳求妈妈给他一条小鱼或一只小虾，奶奶就满足他的欲望，把小鱼小虾放在有水的碗里，朱洗一看就是半天。正由于这些小动物引起了朱洗研究生物的兴趣，后来他就把全身心投入到生物学领域。他曾是新中国生物研究所的所长，他培育出没有父亲的蟾蜍，解决了世界上生物学家争议的单性生殖这一重大问题。他将印度蓖麻蚕和中国野蚕杂交，培育出在中国不吃桑叶、经济价值较高的家蚕新品种。他研究四大家鱼人工繁殖的问题，为人工养鱼解决了鱼苗供不应求的矛盾，促进了人工养鱼事业的发展。

（九）文学家高尔基

高尔基（1868—1936）是俄国的大文学家，经历了俄国的十月革命，是苏联新文学的奠基人。他出生在一个木工家庭。幼年时父亲去世，跟随母亲住在外祖父家里。外祖父是个性格暴躁、极端自私的小作坊老板，对高尔基态度凶狠。外祖母则是个慈祥温和的老太太，对高尔基很好，经常讲民间童话和民谣给高尔基听，使高尔基学到了许多民间文化知识。

高尔基 11 岁时，母亲去世了，外祖父家遭到火灾而破产。成为孤儿的高尔基只好自己寻找职业，先后当过学徒、搬运工、看门人、面包师、饭店伙计和戏班里跑龙套的角色。这些不同的职业使高尔基接近广大贫苦人民，了解他们的痛苦和不幸，增加了他对沙皇统治制度的不满。他在干活的空隙，勤奋自学，阅读了大量书籍，提高了自己的文化水平。他23岁时来到梯比利斯铁路修配厂当工人，秘密地做革命宣传工作，第二年在《高加索报》上发表了第一篇小说，从此他走上了文学创作之路，逐步成长为世界著名的作家。童年时代艰难的流浪生活是他的社会大学，也是他创作的源泉。

第三章 大脑的开发

人的大脑有左右两个半球，脑底部有胼胝体相连，两个脑半球的功能作用不同。大脑能接受感觉器官传递来的信息，并将信息中的有用部分进行记忆贮存，可容纳的信息量超过一个图书馆的藏书量。如果一个人不动脑筋，或者只使用一侧脑半球，大脑的潜能就没有充分发挥出来。人们要想提高自己的智力水平，就必须对大脑进行开发，使左右脑半球均衡发展，使它们各自的作用充分发挥。

一、大脑的秘密

生物学家通过解剖发现，脊椎动物的脑组织中部有条沟，将脑分为左右两个半球，高级哺乳动物的大脑分得更为明显。17 世纪法国解剖学家维克达居尔通过解剖画出了人脑的轮廓，证实人的大脑也是分左右两个半球，两半球间由胼胝体相连，它是一座互通信息的桥梁。人脑既然是分开的两个半球，如果其中一个脑半球损伤，另外的脑半球能否独立工作呢？

医务工作者研究半身截瘫的病员情况，发现病员因脑溢血引起一侧脑半球受损，与此脑联系的半边肢体就瘫痪；另一侧脑半球没有受损，仍能正常指挥另半边肢体活动。这种情况就和人的两只眼睛一样，丧失其中一只时，不会两只都失明，另一只眼睛仍然能正常工作。

为了证实脑半球的独立性，有的科学家曾用猴子做实验。

他将猴的脑半球之间的胼胝体切断，然后将猴的一只眼睛蒙起来，留出另一只眼睛看东西，训练猴子选取一个圆台上几件物体中的一件十字形物体，要达到每次都不会选错。再将蒙住的眼睛打开，把另一只眼睛蒙上，让猴子去选，这时候猴子像未经训练似的，完全不知道要选十字形物体。这是因为两个脑半球已失去联系，前一只眼睛接受训练，所得的信息，不能传送给另一个脑半球。

这种情况后来在人体上也得到证实。第二次世界大战中，美国士兵约翰在作战时脑部受伤，被送到医院救治，医生为了减少他的癫痫发作，就将他的脑胼胝体切断，结果，约翰成了一个“裂脑人”。后来复员回家，他的妻子发现约翰与过去不同，举动荒唐可笑。他与朋友握手，一只手抓住朋友的手，另一只手将朋友推开；一只手去端饭盆，另一只手将盆推开；一只手脱衣服套袖，另一只手又抓住袖子不放。为什么约翰会出现这样矛盾的举动呢？因为他的两个脑半球失去联系，各自发出不同的命令。

既然两个脑半球可以独立工作，那么它们的功能是否相同呢？1861 年法国外科医生布洛卡对人脑进行解剖，发现两个脑半球功能不同。左侧脑半球负责语言，如果受损就不能说话或者不能理解别人的语言。因此，有人称左侧脑半球为“语言脑”，其实它不仅管理语言，还能进行逻辑思维。对于右脑半球，有人称它为“沉默脑”。

近年来，科学家发现右脑半球并非是次要的脑半球，它在非词语性的认识功能上如音乐欣赏、空间辨认、深度知觉、触觉等方面，均占有优势。右脑半球损伤会在空间辨认上发生障碍，分不清前后、左右，不能绘图；看不清别人的脸，连镜子中自己的脸都分辨不清。由于右脑半球在音乐欣赏上占有优势，有人将“沉默脑”改称为“音乐脑”。

人的左右脑半球在功能上发展不平衡，有人左脑比右脑强，有人右脑比左脑强，这种现象称为脑的“侧性化”。它一方面有遗传的因素，更主要的是实践的影响。小孩在 2～3 岁之前，左侧脑优势尚未建立，双侧大脑半球均与语言活动有关。到 10～12 岁时，左侧优势逐步建立，在这个阶段，左侧大脑半球受损后，还可以在右侧大脑半球上再建起语言活动中枢。如果已发育为成人，左侧大脑半球受损，就很难在右侧大脑半球上再建语言活动中枢，他就将成为失语者。

多数人从幼儿时就用右手抓筷子吃饭，用右手写字，右手与左脑半球联系，左脑受手的活动影响，脑功能得到发展，形成了左脑优势，这是一种较为普遍的现象。

但是，一个脑半球的功能总不抵两个脑半球的共同功能强，如果两个脑半球能紧密联系，互相协调，均衡发展，就更能提高人的智慧。因此，使两个脑半球均衡发展是开发智力的重要途径。

怎样使左右脑半球均衡发展呢？人们通常的做法是从训练左右两手开始，经常练习弹琴、打字、打球、打电脑等，这些活动要同时使用左右手，由于左脑管右手，右脑管左手，手的活动加强直接影响到左右脑。其次，在学习基础学科时不要偏重文科或理科，不要忽视音、体、美、劳，要全面发展。意大利的达·芬奇就是一个多方面发展的奇才。他的油画《蒙娜丽莎》、《最后的晚餐》是不朽的名作。他不仅是画家，还作曲，搞舞台设计，当演员，搞雕塑，他研究生物，搞建筑设计，各方面都很精通。我们应以他为榜样，全面训练自己的左右脑。

二、动手有利于大脑

德国哲学家康德说："手是外部的脑髓。"苏联教育家苏霍姆林斯基说得更明确、更具体："手和脑有直接的关系，因为手指的活动可以刺激大脑运动中枢，使神经细胞的功能得到迅速发展。"

他们的理论得到生物学的验证。德国医师弗里斯和希齐格用刺激人脑各部的方法，观察人体什么部位出现反应，绘制出大脑主管人体各部位的功能配置图。后来瑞士的赫斯在前人研究的基础上加以发展，绘制出更精细的大脑图，他因此获得了 1949 年的诺贝尔奖。

加拿大的外科医生潘费尔德采用微电极刺激人体各部位，观察到大脑皮层出现反应的区域，了解大脑皮层各区域分工的情况，绘出了大脑皮层上身体各部位反应区的分布图。根据潘费尔德的分布图，身体各部在大脑皮层上的反应区的大小，不与身体各部位的大小成正比。人体的腰、腿、臀的面积很大，而在大脑皮层上的反应区并不大，手的面积虽小，在大脑皮层上反应区却很大，特别是大拇指的反应区比中指、食指、无名指、小指的反应区都大。这表明手的活动对大脑的发达有重要影响。

为什么手对大脑有如此重要的影响呢？因为手是人体运动最频繁、最敏感的器官，手与物体接触后，能将物体的形状、材质、轻重、温度等信息反应给大脑，大脑接受信息后，在头脑中进行思考，接受的信息越多，思考的次数也越多。

人们用手进行活动时，会碰到许多问题需要解决，这就要动脑筋想办法。动手的次数越多，碰到的问题越多，动脑的次数相应增加，有利于智力的提高。瑞典心理学家皮亚杰说，“智慧是动作的内化”，就是指手与脑相互作用的关系。

为了训练自己的大脑，必须加强手的活动。许多有条件的家庭教子女弹钢琴、拉小提琴、弹古筝、拉二胡，既可训练手指，又可增强大脑的记忆。有些学校开设电脑课程，对训练手指与大脑也有重要作用。在缺乏条件的偏僻地区，可以教小学生用左右手交替拍小皮球。我国传统的计算器——算盘是训练学生手脑并用的好工具，打珠算时三个手指各有分工，大拇指将珠子向上推，食指将珠子向下拨，中指负责推拨下一档代表 5 的珠子，三个手指不能乱用，头脑里还要熟记加减乘除口诀。有些财会人员练得一手好功夫，左右手能同时打两把算盘，然后互相对照，起复核的作用。

两手同时活动，进行相同或不同工作的人并不少见。有人左右手同时握笔写字，也有人左右手握笔同时绘画，还有人手、脚、眼、嘴能同时活动。我国唐朝武则天执政时有个叫元嘉的 10 岁儿童，他能同时左手执笔在纸上画圆形、右手执笔在纸上画方形，嘴里背诵文章，眼睛看着羊群点数，脚趾夹着笔把头脑里想好的诗写出来，时人称他为“神仙童子”。这种人一脑多用是刻苦锻炼出来的。

动手与动脑是相辅相成的关系。盲人读盲文时靠手指的触摸感觉接受盲文信号，大脑立即将信号演绎成语言。中医师用手指给病人切脉，通过指尖感觉到患者脉搏的跳动，传入大脑以供判断。可见手与脑的相互关系是极为密切的。

我国著名的断肢再植外科医师陈中伟，他能用极细的针，在显微镜下将断指中很细的微血管、神经纤维一一地缝接，不能遗漏，不能接错。这是一桩细致而艰难的工作，但他每次都获得成功，因为他有一双灵巧的双手。他为了训练自己的手，专门学习绣花，将绣花的技巧用在断肢再植上，真可谓心灵手巧。

当我们考虑问题时，如果用笔在纸上一边写一边想，往往容易想出好办法，因为活动了手指就提高了大脑的功能。所以活动手指可以达到健脑的要求。当我们要用脑思考问题前，可以两手用力反复做握拳张开的动作30～60次。第二步做屈指动作，从拇指开始依次单独屈指，两手同时对称屈指，尔后，两手不对称屈指。第三步做握指动作，用右手握住左手的食指、中指、无名指、小指，攥紧一下，松一下，做20～30次，然后更换，用左手去握右手的手指，20～30次。第四步摩掌，左右手掌掌心掌背上下相互摩擦40～50次。通过以上的手指锻炼，可以提高工作效率。

三、加强右脑潜能的开发

人的大脑分左右两个半球，左脑主管语言、数学、逻辑之类的抽象思维，右脑主管音乐、美术、空间知觉等的形象思维，大脑两半球之间有胼胝体互相沟通。人在幼年时期，两个脑半球均衡发展，不存在谁占优势的问题，所以婴儿可以左手抓碗筷，也可以右手抓碗筷，如果父母不加以限制，任凭婴儿自由发展，他长大后可以成为“左撇子”，也可以成为“右撇子”。

社会调查发现，多数人的大脑是左脑半球占优势。这是由于人们大都用右手写字、抓筷子、缝衣服，学校里开设的数理化、语文、外语等课程也都与开发左脑有关。因为左手闲着不用，与开发右脑有关的音、体、美、劳课程所占比重又比较小，所以右脑的开发与锻炼大大不足。

近年来科学家通过研究发现右脑有它自身的特点。美国全脑协会认为右脑型人员富有想象力和创造精神，他能以崭新的思维来应付风云变幻、竞争激烈的复杂局面。

日本医学博士品川嘉说："如果把左右脑比喻为一个人，那么左脑就是循规蹈矩，按部就班，缺乏情趣的人；而右脑则是洋溢着创造精神，具有意外性，充满活力类型的人。"

生理学家斯佩里认为右脑具有创造性思维的特点，它能进行跳跃式的猜测，超越现实，预测未来。现在人类的知识飞速更新，知识总量翻番的时间极大地缩短，未来社会的人类将成为智能化人类，社会也成为智能化社会。在这样的社会里，人脑的智力开发得到很大发展，右脑半球的非逻辑性思维将发挥越来越大的作用，科学性与"狂想性"的结合，以非逻辑思维的大跨度性、灵活性、反常规的独特性，能使科学发现、科学发明在直觉和灵感中诞生。这种思维方式是长于逻辑思维的计算机所不能代替的。

回顾历史上的某些科学发现，形象思维往往也起过重要作用。18 世纪初，人们对电的现象还没有了解，美国的科学家富兰克林根据自己对电的直觉，把它想像为一种电流体，存在于一切物体之中，当电流体流动多时物体带正电，流动少时带负电，不流动时不带电。他的这种大胆想像对电学的发展有一定意义，如果将他所想像的电流体换成电荷，那么他的想像就与现代的电学原理暗合。

爱因斯坦在研究问题时，往往是首先进行形象思维，然后再用逻辑思维去检验。他创立相对论时，就是先构造一个乘上光子火箭的理想实验来研究“同时性”问题，然后在光速不变原理下加以推论，从而取得了成功。他的这个理想实验需要大胆的想像力。

为了开发右脑的潜能，人们可以参加音乐、美术、体育、舞蹈等活动。音乐能直接影响右脑，调节神经中枢，锻炼思维，丰富想像，能激发人的感情，使人的心灵得到美化、净化。人们通过音乐的旋律，可以发挥自己的想像力，遨游于天地之间，甚至可以穿越时间隧道回到洪荒时代，也可迈步进入缥缈的未来。大自然中一切的声音，山崩地陷的轰响，清泉的潺潺流淌，蜻蜓在草间的低吟，都可以在音乐中再现，没有其他的形象艺术能比得上音乐这样不受时空限制，人们只有在音乐的感染下，思想才能大跨度地飞跃和升腾。

美术是形象艺术，具有特定的表象，占有空间，不受时间的制约，它是形象思维的产物，是观察力、想像力、创造力的有机结合体。美术包括绘画、书法、雕塑、工艺品、建筑等。绘画是将人们头脑中散乱的、模糊的印象加以整理，通过自己的思维进行分析综合，从具体到抽象，从个别到一般，形成新的形象。它对于树立正确的审美观念，培养健康的审美情趣，具有很大的启发作用。

体育活动不仅能增强体质，也能锻炼人的大脑，因为人在运动时，大脑处于兴奋状态，它不断地发出命令，调整人体四肢的动作，保持肢体的平衡与稳定，不能有丝毫的疏忽大意。思想如果没有高度的集中和敏锐的反应，人是无法进行体育锻炼的。

舞蹈是将音乐、体育、美术融合在一起的综合艺术，它将音乐表达的想像通过人的形体动作加以表现。舞蹈中的民族舞、秧歌舞、交际舞是大众化普及型的民间艺术，参加其中任何一项舞蹈活动，都可以调节身心，解除疲劳，激发大脑活力，促进智力发展。

游山玩水，观赏湖光山色，是开发右脑潜能的有效途径。当人们面对瑰丽的景色时，就会睹物思情，浮想联翩，头脑中会突然产生灵感，甚至给考虑多日未能解决的问题找到可解的途径。物理学家格拉索夫对此颇有体会，他说："往往有许多物理问题的解决并不在物理学范围之内，掌握各方面的学问都有助于开阔思路，如多看些小说，或去逛逛动物园，均可以帮助提高解决问题的能力。"

此外，还可以有意识地加强左手锻炼，如用左手写字，抓筷子，打乒乓球，用左足单脚跳，用左脚踢毽子等，对开发右脑潜能也有好处。

四、改善思维品质

思维是人脑对客观事物间接的、概括的反映，是通过概念、判断、推理等形式反映客观世界的能动过程。思维能力是人的智力核心，每个人的思维能力往往具有不同的品质：有的人思维敏捷，有的人思维深刻，有的人思维灵活，有的人思维广阔。

例如下象棋，有人胸有全局，可以预测下几步棋有几种可能，哪一着是关键棋；有的人只顾眼前，没有全盘考虑。这反映两个人思维的广阔性不同。再如解数学题，有的人能把解题的线索整理成清晰的思路，抓住逻辑逐步深入；有的人解题时思路不清，带有盲目性，程序繁琐冗长，不得要领。这不仅反映两个人的学识水平不同，也反映他们思维的深刻性不同。

同样一件事在不同人的眼里，会发生不同的思维。《列子·汤问》中就记载着两小儿辩日的故事：“一儿曰：‘日初出时大如车盖，及日中则如盘盂，此不为远者小而近者大乎?’一儿曰：‘日初出沧沧凉凉，及其日中如探汤，此不为近者热而远者凉乎?’”两个小儿对早晨的太阳和中午的太阳从不同的角度进行思维，得出了不同的结论。

1780 年意大利的伽戈尼用铜钩子钩住剥了皮的青蛙，他将钩子挂到铁栏杆上时，蛙腿忽然收缩了一下。伽戈尼把青蛙取下来放到铜盘里，用解剖刀接触青蛙，蛙腿又收缩一次。经过多次实验，伽戈尼认为青蛙体内有一种“动物电”，由于有这种电才使蛙腿收缩。他的发现引起另一个意大利人伏打的怀疑，他把剥了皮的青蛙放到木盘里，然后用解剖刀去接触蛙体，蛙腿却不再收缩。他通过实验发现，只有用两种不同的金属接触蛙体，而且蛙体内有生理盐水时，蛙腿才会抽搐。他由此得出一个结论：将两块不同的金属放入生理盐水中就能发电。后来，他根据这个原理制成了世界上第一个“伏打电池”。伽戈尼与伏打都对蛙腿的抽搐进行了观察，但两人得出的结论不同，这就表明两个人思维的深刻性有较大差异。

1876 年，英国科学家克鲁克斯发现藏在放电管附近包装完好的照相底片被感光了，他以为是劣质底片，就去生产厂退了货。1890 年，美国古德史培德偶然得到 X 射线的底片，以为是曝了光的废片，就扔进了废物堆。1892 年，有些德国的科学家遇到同样情况也都当废片处理。直到 1895 年 11 月 8 日，德国科学家伦琴进行稀薄气体管子放电实验，当电压加到一定程度时，在管子附近一张涂有铂氰酸钡的纸屏上有淡绿色的微光在闪烁。伦琴考虑它不是阴极射线，而是从玻璃管子中射出来、穿透力很强、使荧光纸发光的肉眼看不到的特殊射线，他立即着手研究。经过7周时间，他终于发现了X射线，获得了诺贝尔的物理奖。如果英国人克鲁克斯思维更敏捷些，考虑问题更深刻些，他应比伦琴早20年发现X射线。

人在思维过程中，如果有新的观点，新的方法，解决问题的结果是别人没有想到的，这种思维就是独创性思维。具有这种思维能力的人，往往能取得突出的成果。例如非欧几何的创立就是一个典型的例子。千百年来，人们为了证明欧几里得几何学里的第五公设是个定理，不知花费了多少心血，但都没有成功。数学家法·鲍耶写信给他研究数学的儿子亚·鲍耶："希望你再不要做克服平行线公理的尝试，你花时间在这上面，但一辈子也证不出这个命题。"但是亚·鲍耶没有听从父亲的劝告，仍然继续研究。当用常人的思路无法证明时，他就另辟蹊径，进行批判性研究，从而创立了崭新的非欧几何学。

思维灵活的人遇到问题时能灵活地改变思路，修正自己的思想方法和解决问题的策略，采取与原思路不同的方法去解决问题。例如日本商人与美国商人的汽车大战即是一典型的例子。美国的汽车在国际市场上占有优势，它们生产的轿车大型、豪华，为高级轿车，拥有不可替代的地位。日本的汽车制造商在世界出现能源危机的时候，马上改变车型，向小型化、节油化的方向发展，从而使汽车销量大增，很快跃居世界第一位。等到美商发现这一动向后，才如梦初醒，但已来不及了。

每个人的思维品质各不相同。各人应根据自己的思维特点，扬长避短，发扬优势，克服不足，有针对性地进行思维训练。

思维能力的训练可通过社会实践、读书、写作和智能游戏等途径进行。训练的内容可分为：

思维概括性训练。将大量同类事物进行比较、鉴别，通过表象寻找出事物的基本特征。

思维灵活性训练。根据客观事物的实际情况，打破陈规，变换角度，从外延的广度去探索，从内涵的深度去开挖，从不同的角度去思考。

思维独创性训练。独立思考，不落俗套，努力发现新途径、新方法、新思路，要有标新立异的品质。

思维深刻性训练。从纷繁复杂的大量事物中进行挑选，选取那些反映事物本质的有代表性的内容。透过现象发现本质，找到事物发展的内在规律。

有效的思维训练，可以提高人们的学习能力和工作效率，收到事半功倍的效果。

五、培养创造性思维

创造力是人类智慧的表现，人类社会的各种物质文明都是人类创造发明的成果。由于人类在不断创造，所以人类的生活才能不断改善。以照明为例，远古时期，人类只能依赖自然光，后来人类学会利用火，就可以点燃树枝、动物脂肪、植物油、蜡烛、煤油、电石气等，直到发明电灯，人类才使用电光源。人类就是在这一步步创造过程中逐步改造自然，同时改造自己，提高自己的生活水平。没有创造就没有更新，没有创造就不能前进。

人的创造才能与知识水平不是一回事，知识水平的高低不能决定创造才能的高低。最突出的例子莫过于曹冲称象。东汉末年，东吴孙权送给曹操一头大象，曹操大喜。他想称出大象的重量，就问围观的官员用什么方法称象，众官员都想不出办法。这时曹操的5岁儿子曹冲站出来说："我有法子。"曹操不信，叫曹冲说给大家听听。曹冲就说："把大象赶到大船上，看船吃水有多深，在船舷上画个记号，然后把大象赶上岸，再往船上装石头，装到齐记号为止，再把石头一筐筐过秤，将各筐重量加起来，不就等于大象的重量吗？"

曹冲是个小孩，他的知识远远不如众官员，为什么他能想出称象的办法呢？这是由于他善于发现问题和解决问题。称象和称石头虽然是不相干的两码事，但是象称不了，石头可以称，找到了船的吃水深度这一间接联系，就能解决石头重量等于大象重量的问题。这种思维就是创造性思维。通过这个例子，我们可以发现：学习态度是一回事，知识水平是一回事，运用知识去研究问题、分析问题、解决问题的能力是另一回事，这三者间既有联系，又有区别。有些学识丰富的人有"活字典"之称，可是他并没有什么创见或独创性成果，这不是他没有认真学习，也不是文化水平不高，而是他不善于创造性思维。

怎样才能发挥自己的创造性思维呢？首先需要培养自己的观察能力。观察是认识事物本质的开始。观察必须有明确目的，把全部注意力集中于研究对象，要专心致志地观察它的各种现象；观察还必须有正确的指导思想，离开正确的指导思想就不能真正认识事物。

隋代石工李春在河北省赵县建了一座石拱桥。为了建桥，他对洨水进行了仔细的观察，收集了洨水多年来最大洪水量的资料，因而设计和建造的赵州桥既能交通，又能防洪，坚固实用，还节省了大量经费。赵州桥历时1300多年，至今屹立于洨水之上。

英国天文学家哈雷，1682年他26岁时发现一颗彗星。为了掌握这颗彗星运行的规律，他花了几年的时间，汇集了大量彗星观察资料，包括前人1337年以来观察到的24颗彗星的轨道。他经过研究，发现其中1531年、1607年、1682年出现的三颗大彗星的轨道相似，从而推论出这是同一颗彗星，每隔75～76年回归到地球上空一次，并预言该彗星在1758、1835、1910、1985年又会在地球上空出现。后来的事实证明这颗彗星如期而至。后人为了纪念他的发现，把这颗彗星命名为哈雷彗星。

其次，要培养自己对事物进行分析的能力。世界上的万事万物都是错综复杂的，必须透过现象看本质，才能了解事物的真谛。例如人体血液循环的发现就经历了漫长的过程。公元2世纪时，罗马的医生格林认为，人体的血液产生于肝脏，存在于静脉之中，经过心脏流到动脉，再流到全身，就在体内完全消耗掉，时间约半小时，然后再由肝脏产生新的血液。这种观点在欧洲延续了一千多年，直到17世纪，英国的哈维医生，在认真观察的基础上，经过仔细分析，对这一传统观点提出了质疑，认为在半小时内血液完全耗干，同时又生产出新的血液，是不可能的，只有在一条封闭的循环血管中流动，才能保持正常的血量。为了证实自己的假说，他进行了动物解剖和人的尸体解剖，终于发现，是心脏的搏动，使血液产生永久不停的循环流动。他的发现创造了血液循环的全新理论，挽救了世界上许多人的生命。这种不被假象蒙蔽，不受传统束缚，透过现象找出事物本质的过程，就是一种创造性思维。

第三，要学会从不同的角度考虑问题。因为事物是复杂的，既有事物内部的联系，也有此事物与他事物之间的联系。有的人只会孤立地研究事物本身，忽视它与其他事物的关系，这就容易失去多角度、多方面思考问题的机会。1929 年英国细菌学家弗莱明在培养葡萄球菌时，不料空中飞来了青霉菌的孢子，孢子萌发生出青霉菌，将它周围的葡萄球菌都杀死了。原来是青霉菌能分泌出一种物质，对其他细菌有很强的杀伤力。弗莱明没有考虑将青霉菌应用到医药上，所以这一发现一直默默无闻。直到第二次世界大战爆发，治疗伤员的药品不够用，人们才又想起了青霉素，将它用来治疗细菌感染，取得了显著效果。如果弗莱明当时就考虑到青霉素的应用，青霉素的出世要早十几年。

第四，要学会将复杂的事物化繁为简，化难为易，从而找出其规律。例如，将水壶与电炉加在一起就成为电热水壶，将录音机与电话机加在一起就成为录音电话。往往加一加就可以创造出新产品，减一减也会有新的改进。公共汽车将每次购票改为发行月票就减少了许多次手续，运用电话磁卡打电话，就不用每次付款。变一变有时也是一种创新，原来人爬楼梯是人动楼梯不动，后来改为人不动楼梯动，就发明了阶梯式升降电梯。

六、培养丰富的想像力

想像是人类记忆的加工与再创造。凭空的想像是无源之水，无本之木，正确的想像离不开知识的增加与经验的积累。人们以敏锐的观察力，准确的记忆力和丰富的联想力对原有的记忆进行加工和再创造，使思维插上了翅膀。想像力是思维的重要品质。

想像是进行科学研究的重要心理过程。两千多年前，古希腊的数学家阿基米德，在解决“皇冠疑案”中就进行了大胆的想像。当时叙拉古斯国王召见他，要求他在不损坏皇冠的条件下，检测出黄金铸造的皇冠内有没有掺进其他金属。阿基米德日思夜想都没有想出个办法。一天，他妻子给他准备了一盆洗浴水，他跨进浴盆时看到盆内的水往上升，他坐到盆里水就溢出来。他就想：溢出水的多少应该等于我浸入水中身体的多少，如果换成其他物体入水，一样可以排出同体积的水。想到这里，他豁然开朗，欣喜若狂地跨出浴盆，光着身子跑出去大喊：“我知道了，我知道了。”

阿基米德知道了什么呢？他是这样解决“皇冠疑案”的：先称出皇冠的重量，再称两份与皇冠相等重量的黄金、白银，然后将皇冠、黄金、白银依次浸没在盛满水的容器里，分别测出它们溢出的水量。结果发现：白银排出的水最多，皇冠次之，黄金最少。既然皇冠溢出的水比黄金多，就可以断定皇冠不是纯金，其中掺了白银。阿基米德通过此案发现了浮力定律。

艺术想像与科学想像不同，它是作家形象思维的主要方式。它能突破个人直接经验的局限性，补充事实环节中的不足和还没有发现的环节，把现实生活形象化、概括化、典型化，创造出各种各样的艺术形象。如我国著名的古典小说《西游记》，其中的孙悟空、猪八戒都不是现实生活中的真人，他们是作家从现实社会中，对有特征的人物高度概括，通过自己的想像塑造出来的典型。没有作家的想像就不会有艺术的形象。

想像孕含着作者的审美情感，想像具有自由性和超时空的特点。例如郭沫若的诗《天上的街市》就具有这一特点，诗中写道："我想那缥缈的空中/定然有美丽的街市/街市上陈列的一些物品/定然是世上没有的珍奇/你看那浅浅的天河/定然是不甚宽广/那隔着河的牛郎织女/定能够骑着牛儿来往/我想他们此刻/定然在天街闲游/不信，请看那朵流星/是他们提着灯笼在走。"诗里充分展开了作家的想像，给人以美的感受。

人的想像力有与生俱来的因素，但主要靠后天有意识的培养与训练。进行想像力的训练，常见的方式有：再造想像训练，创造想象训练，幻想训练。

再造想像训练是凭借语言的描述或图表的说明，在头脑里形成该事物形象的训练。例如，教师朗读北朝乐府《敕勒川》，"敕勒川，阴山下，天似穹庐，笼盖四野。天苍苍，野茫茫，风吹草低见牛羊"，就可以要求学生在头脑中想像出蒙古大草原辽阔壮美的图景，用语言或文字把它表达出来。还可以指导学生阅读富于形象的文学作品，通过自己头脑的想像，将原作用另一种体裁进行改写。如杜甫的《石壕吏》，就可以改写成记叙文。指导学生进行看图作文，组织学生采访、调查获取表象材料，经过再造想像后写成文章，是再造想像训练的重要方法。

创造想像训练是不以现成的描述为依据，在头脑里独立地创造出全新形象的想像训练，可以将原材料作为想像出发点，予以补充、生发，也可以将抽象的概念、思想或感情，用直观的、具体的、形象的语言表达出来。例如，战国时诗人屈原写的《离骚》，就是把神话传说、历史人物、自然现象，通过想像予以融合，编造出一个奇异的世界。现将该诗第二大段中一小节摘译如下：

“我驾驭着虬龙拉的风车/随风离开人世飞到天上/早晨从南方的九嶷山出发/傍晚就到了昆仑山上/我本想在神仙宫殿逗留/夕阳西下暮色降临/我命令太阳的驭者慢行/莫让太阳早早回去/前面的道路远又长/我将上下追求理想/让我的马在太阳沐浴过的池子里饮水/我把缰绳拴在扶桑树上/折下扶桑的枝子去阻挠太阳落下/让我从容地徜徉/叫给月亮驾车的车夫带路/让后面的风神紧紧跟上/鸾凤在前为我警戒/雷神报告还没有安排停当/我命令凤凰展翅飞翔/要日以继夜不停地飞翔。”

从这段文字里可以看出，这都是现实生活中不可能做到的事，但通过诗人的想象，把人们的思想带到一个充满浪漫主义色彩的理想境界，这就显示出艺术作品的魅力。

进行创造想像训练可以通过扩写、虚构的手法，在体裁上可以写故事、诗歌、小小说、小剧本，等等。

幻想训练是进行趋于梦幻的非理智想像的训练。如《西游记》中的“孙悟空大闹天宫”纯粹出于幻想。西方儿童读物《木偶奇遇记》中的木偶匹诺曹也是作家幻想出来的顽皮孩子，却写得那样活灵活现，栩栩如生。常见的幻想训练方式有幻觉与错觉的描写，如安徒生的童话作品《卖火柴的小女孩》、《皇帝的新装》里就有这类描写。还可以进行童话与科学幻想故事的写作训练。

经常进行想像力的训练，对提高自己的分析力、综合力、判断力、推测力、注意力、选择力有极大的好处，是提高智力的重要一环。

第四章　增强记忆力

记忆是大脑的重要功能，知识离不开记忆。如果我们失去记忆，就记不住自己的姓名、住址，连家也难回，这就是得了“健忘症”。记忆是学习的工具，记忆是创造的基础，记忆是智慧的源泉。每一个人都要努力增强自己记忆的能力和效果。

一、记忆的奇才

《三国演义》第六十回有如下一段故事：西川使者张松奉命到许都拜见丞相曹操，曹操不把张松放在眼里，张松心怀不满，在钱粮官杨修面前，讥讽曹操不明孔孟之道。杨修为曹操辩解，拿出曹操所作的一卷《孟德新书》为证，该书共13篇，皆为用兵之要法。张松将书从头至尾看了一遍，笑着说：“这是战国时无名氏所作，丞相窃为已有，我蜀中小儿都能背得。”于是他就将书从头到尾背诵一遍，没有一字差错。杨修听了大惊，称张松为过目不忘的天下奇才。曹操听说此事后，气得把书烧掉了。

18世纪法国的文学家、哲学家伏尔泰，3岁时记忆能力就很强。他把拉封丹的《寓言》看了一遍，就能有声有色地背诵出来，他父亲不相信，又选一篇寓言给他看，伏尔泰看过后又流利地背出这则寓言，他父亲这才相信伏尔泰是个记忆力极强的孩子。后来他果然文才出众，写出了哲学、戏剧、诗歌、历史、小说方面的大量著作。

《宁波晚报》1997年3月8日报道：南京6岁儿童刘贝贝在南京大学准确地背诵出圆周率小数点后1400位；另将1400位数字分成14组，他能准确地背诵出任意一组。刘贝贝的成绩与日本索尼电器公司职员友寄英哲相比，还相距甚远。友寄英哲能将圆周率小数点后数字背到20000位，他是当年的世界记忆冠军。

国际象棋大师卡斯帕罗夫，记忆力惊人，他能记下1800多人的通讯地址和450多人的电话号码，记住12000个棋谱。他能将参加过的任何一场对局准确无误地复盘。他只用3分钟就能熟记300个单词，只用一天时间就能熟背85局棋谱。

我国的象棋大师胡荣华，能躺在床上不看棋盘，与四五个棋手对弈。他对这几盘棋了如指掌，只要对方报出所走的一步，他就施出相应的招数，而且往往战胜对方。

《台湾日报》曾经报道：美国有个叫布莱克的孩子，4岁时把世界地图看过一遍，就能说出世界各国的地理位置和它们的首都名称。他还能说出美国各州首府的名称。

德国的卡尔曼·塔里雅维尼，12岁时就通晓7国语言，23岁时已经精通15国语言。他每年都要新掌握三四种语言，逐年递增，累计达到120多种语言，并且能读、能写、能说。他在纽约召开的世界语言学家大会上，用50种语言致词，引起全场轰动。

从以上所举的例子可以看出，人的记忆潜能很大，需要人们去开发。如何提高记忆能力，是值得我们研究的问题。

二、记忆的生理基础

有人以为经常用脑会伤脑筋，其实这是误解。经常用脑，大量记忆的人，大脑皮层更发达，突触更丰富，记忆容量更大。生物学家做过这样的实验，让一只大鼠生活在复杂的环境中，另一只生活在简单的环境中，经过一段时间以后，解剖发现，前者大脑皮层增厚，突触发达，而后者大脑皮层厚度小，突触不发达。俗话说，脑子越用越灵。经常用脑思索记忆，有利于大脑的发达。

大脑神经细胞的主要成分是蛋白质，合成蛋白质需要氨基酸，如果氨基酸合成受阻，神经细胞就会缺乏蛋白质补充，大脑皮层在储存信息方面效率就差，记忆的遗忘率也高。生物学家曾对金鱼进行条件反射的训练，待训练有明显效果后，把嘌呤霉素注射入金鱼的脑内，嘌呤霉素能抑制脑内蛋白质的合成，鱼脑因得不到蛋白质的补充，丧失了原有的记忆，把条件反射的行动都忘掉了。

神经元的突触活动依靠神经递质来传送，递质中有一种叫乙酰胆碱的成分，如果乙酰胆碱缺乏，递质的传送能力就会减弱，大脑的记忆能力相应下降。为了补充乙酰胆碱，有人服用一种叫卵磷脂的营养品，其实蛋黄中含有丰富的卵磷脂，多食蛋类既可补充蛋白质，又可补充卵磷脂，对增强记忆很有好处。

三、记忆的过程与机制

人的记忆可分两种：短时记忆与长时记忆。短时记忆指信息引起大脑神经元的兴奋只保持几秒钟到几十秒钟；长时记忆是指记忆在头脑中能保持几天、几个月、几年、几十年的时间。长时记忆还分久远记忆和新近记忆两种，久远记忆是已隔几年、几十年的前期记忆，新近记忆是最近发生的几小时到几个月之前留存在头脑中的后期记忆。

记忆的程序分四步：首先由眼、耳、鼻、舌、皮肤等感觉器接受外界的信息，反馈给大脑皮层。大脑皮层约有140亿个神经元，每10秒钟可以接受400万条来自眼睛的信息，500万条来自皮肤的信息，100万条来自耳、舌、鼻的信息，信息引起神经环路的兴奋，时间在1秒钟左右，如果不及时处理，记忆就消失了，这就是短时记忆。

第二步，大脑将那些不连续的，先后传进来的信息进行整理，成为连续有序的、能口头表达的符号，如语言符号。这一级记忆可停留几秒钟，但仍然容易忘记，必须进行机械记忆才能加深印象。

第三步，有意进行反复的记忆。就如我们背一首诗要熟读许多遍，使它不与头脑中已记得的其他诗篇混淆，排除各种信息干扰，这样才能留下记忆的痕迹。这就是新近记忆。

第四步，新近记忆虽在头脑中留下了记忆的痕迹，但是仍有遗忘的可能，必须经常回忆，进一步加深印象，才能转变成久远记忆。

久远记忆和新近记忆的神经基础是不同的。有的病人丧失短时记忆，但他可以保留着久远记忆。有个脑外伤的病人昏迷7周后恢复了知觉，5个月后检测他的记忆时，发现他对受伤以后的事都记不得，受伤前两年内的事也记不起来，但两年以前的事却还记得。到第8个月再检测，他能记住受伤3个月以后的事情，受伤前只有最近一年的事记不起来。在第16个月后检测，他对受伤前的事，只剩下最近两个月的记不起来，受伤后的事仍然只记得3个月以后的事。通过这个病例可以看出，久远记忆不易受脑外伤的干扰，记忆恢复时，久远记忆先恢复，新近记忆后恢复；在脑部受伤时，当时的短时记忆不能保留。英国王妃黛安娜发生车祸，有一名保镖幸存下来，恢复神智后，他对车祸发生时的记忆一片空白，因为这段记忆是短时记忆，没有在脑神经中留下痕迹。

记忆留下痕迹的过程如下：外界的信息先传至大脑皮层的联络区产生神经兴奋，兴奋从大脑额叶，经过边缘系统的扣带回和海马回传至海马，然后，经过丘脑内侧背核返回到大脑皮层的额叶。如此往复传送，使新的记忆得到重复的排练，并与原有的记忆发生联系，形成丰富的联想关系。这样，短时记忆就与长时记忆联系在一起。我们在学习中有这种体会，叫做举一反三，触类旁通，就有这层意思在里面。这种长时记忆分布在大脑皮层的颞回和海马上，能留下记忆痕迹，这种痕迹能持久，抗干扰。

加拿大的脑外科医生潘费尔德，对一个做过开颅手术的女病人做记忆痕迹的试验。他用微电极刺激她的大脑颞回的某一点，女病员反应说："我听到一个母亲呼唤小孩的声音。"这位母亲曾经是她的邻居，那是几年前遇到过的事。潘费尔德又将微电极刺在另一处，女病员说："我听到马戏团来参加狂欢节的声音。"这也是女病员很久前遇到的事，不过后来忘记了。潘费尔德用微电极刺激其他病人的大脑颞回，病员们都回忆起很久以前被忘却了的事，仿佛回到以前的生活中，有一种身临其境的感觉。这些实验证实，记忆是留有痕迹的。这些记忆痕迹分布在大脑皮层的颞回和边缘系统的海马上，如果损伤了海马，病员的新近记忆就会丧失。

70 年代有人认为记忆的痕迹是一种化学密码，它存在于氨基酸的分子中，氨基酸是合成蛋白质的主要成分，神经元必须有蛋白质补充。研究者用大鼠做实验，训练大鼠躲避黑暗，每次大鼠进暗室时，就给它电击，反复多次，使大鼠不敢进入暗室。然后从这只大鼠的脑中提取一种多肽，将多肽注射到没有受过训练的大鼠脑中，这只被注射的大鼠就改变了鼠类喜欢黑暗的天性，而不敢进入暗室。研究者认为这是接受多肽的结果。多肽是由氨基酸分子合成的，记忆的痕迹就存在氨基酸分子中，它的作用相当于路标，使神经元环路传导的兴奋按着一定的通道进行。

四、有意记忆与无意记忆

人的记忆有些是在无意中获得的。当你走在路上看到一张张面孔，不留意间已留在你的记忆里。当你听到广播里传来歌声，不自觉地你也会哼上几句。当你看过电视以后，你就能讲出电视剧的情节。这些都是在你不经意时，不花功夫就获得的记忆。这种记忆如不加深印象，遗忘得也快。

无意记忆有一定的作用。教室里张贴了伟人像，为的是让学生在无意中加深印象，不知不觉地接受教育。有人学外语，在家里墙壁上、家具上、器皿上都贴上外语单词，在他使用家具、器皿时引起无意记忆，不知不觉地就把这些外语单词记住了。

人类的各种活动，更需要进行有意记忆。例如，举行升国旗、奏国歌的仪式，学生们全神贯注，肃立致敬，齐声歌唱，注视五星红旗冉冉升起，嘴里唱着国歌，头脑里就形成了“祖国”的概念。

有意记忆可分为机械记忆、形象记忆和词语逻辑记忆。机械记忆是在明确记忆的目的、任务、要求的基础上进行的，通过反复多次的默读来记忆。为了提高记忆的效果，应该将记忆的内容进行分析，归类整理，高度概括。为了记忆的方便，可将记忆的内容编成口诀、顺口溜、提纲、图表等。例如，为了记住我国32个省市、自治区的名称，可以编成以下的顺口溜："两山两河辽吉黑，两湖两广云贵川，苏浙皖赣台和闽，陕甘宁蒙青藏新，京津渝沪和海南。"

形象的记忆是记忆事物的形态、大小、颜色、空间和时间，或者物体的声音、气味、冷热的性质。例如：进行实物写生时，作画的人必须记住写生物的形象特征，才能画出这幅图；当人们学习歌曲时，要记住音调、音阶、节拍，才能唱出合拍而不走调的歌曲；练习拳术的人，要记住一招一式的套路；学习舞蹈的人必须记住每一个动作的姿势；等等。形象记忆一般不使用语言符号。

词语逻辑记忆是对字、词、术语、公式、概念的记忆，如注音符号、英语单词、数学公式、元素符号、化学方程式、电脑语音编码、天文星座等，都是看起来比较枯燥乏味的东西。为了提高记忆的效果，要有明确的目的性和强烈的愿望，以完成任务的决心来自觉记忆，而且要反复记忆，反复运用，这样才记得住，记得牢。

五、协同记忆法

记忆时必须借助眼、耳、鼻、舌、皮肤等感觉器官给大脑传递信息，人们可以用眼睛阅读书籍，也可用耳朵听语音传送，盲人则用手指触摸盲文。感觉器是记忆的媒介。如果在各种感觉器之间建立多方面的联系，就可以使记忆加深。这种记忆的方法就叫协同记忆法。

山区的孩子没有见过火车，要求他头脑里留下牢固的火车概念很难，但如果领他去看看火车，尤其是乘坐一次，他的印象就深刻了。因为他眼睛看的，身体接触的，都会产生信息，反馈给大脑，与大脑中已有的概念联系起来了。

学校在教学中强调实验的重要性，是因为实验不仅演试知识的内容，验证所学知识的正确性，更重要的是通过感觉器的体验，认识某种物质的形体、特征和状态，使抽象的概念成为具体的、感性的、形象的认识，这种认识能形成深刻的记忆。

对于生活在城市里的学生，学习三麦、粳稻、籼稻的区别时，记概念，看挂图，效果都不理想，往往会闹出把麦苗当成韭菜的笑话。如果把他们领到农田里实地看一看，将不同的品种作出比较，甚至于在农村生活一段时间，使头脑里原有的语言符号与感性认识结合到一起，就会建立起牢固的记忆，而不会很快遗忘。

古人有“读万卷书，行万里路”的学习方法。司马迁为写《史记》，既熟读经史子集，又遍游名山大川，从而心胸开朗，高瞻远瞩，下笔如有神助，挥挥洒洒数十万言。这种方法是将书本知识与亲身感受结合到一起，用自己的感受去印证书本上的道理，使抽象的语言符号变为具体的形象，头脑中的记忆就被激活了，产生丰富的联想，所以能神思飞扬。

六、减少遗忘，增强记忆

记忆和遗忘是对立的，但也是相辅相成的。为了加强记忆，必须减少遗忘；为了接受更多的新经验，必须遗忘一些无用的记忆。遗忘对于记忆的作用相当于吐故纳新。

遗忘是记忆的障碍。一篇课文好不容易经过反复默读，终于能够背诵了，可是隔了一二天就忘了一部分，隔的天数越多，遗忘的也越多。不解决遗忘的问题，学习就像狗熊掰棒子，一边学，一边丢。怎样才能减少遗忘呢？我们必须掌握如下的遗忘规律：记忆后的第一天遗忘40%，第二天遗忘余下的38%，第三天再遗忘余下的30%，第六天又忘掉余下的20%，以后遗忘的速度就慢了。根椐这个规律，我们可以抢在第一天遗忘以前及时复习。复习的过程就是克服遗忘的过程，复习是在第一天记忆基础上进行的，所花的精力要比第一天少得多。再过2～3天后又复习一次，一周以后再复习一次，往后每隔一个月再复习一次，这样就能把记忆巩固下来。

信息干扰是造成遗忘的重要原因。学习时如果一面学习，一面想着别的事情，学习受到干扰，记忆效果就差。我国古代有则《奕秋》的故事，讲两个学子学习，一个专心学习，学有所成，另一个用心不专，总想到“鸿鹄将至”，所以学习半途而废。

记忆杂乱无章也容易造成遗忘。记忆应该有条理性，循序渐进，逐步深入，不要贪多图快。应把记忆的内容分成几部分，一部分一部分地记忆，就能使新的记忆与原有记忆发生联系，从而扩大记忆范围。

如果记忆的内容单一、相近或相似，也容易遗忘或者混淆。学校安排课程表时将不同学科交叉安排，而不是单科独进，就是为了调动学习兴趣，调剂神经，加强记忆的效果。

“记忆”是为了“回忆”，在学习中为了分析问题，解决问题，需要把记忆中所储存的信息迅速地提取出来。回忆的速度也是检验记忆效果的重要品质。例如解几何题需要运用定理作证，可临到用时，却怎么也想不出来。他不是没有学过，而是有信息而提不出来，如同手中有一串钥匙，却不知该用哪把钥匙来开锁一样。如果他事先能把这一串钥匙根据锁的不同加以分类，以后再开锁时，要寻出一把适合的钥匙就比较容易了。因此，我们记忆时，应将记忆的内容加以整理，使它具有条理性。例如，我们学一篇文章，应该将它分成字、词、句、段等部分来记忆，甚至可以与上一篇相联系，使之融为一体。当我们回忆某一个成语时，就不需要再回忆出自哪一篇课文了。

我们学习知识，应着重记忆分析问题、解决问题的方法、途径，而不要把记忆集中在具体的知识材料上。有人学习写作，找了许多篇范文反复默记，这种呆板的学习方法，收效甚微。因为材料太多太多，单纯地背，只能背一篇是一篇，收不到举一反三、触类旁通的效果。民间流传有“点石成金”的故事，说的是八仙之一的吕洞宾遇到一个穷人向他乞讨，吕洞宾就用手指将路上的石子轻轻一点，那石子变成了黄金，吕洞宾把它给那穷人，不料那人并不满足，还是向吕洞宾叩头不止。吕洞宾诧异地问：“你还想要什么？”那人说：“你给我黄金总有用完的时候。我不要黄金，我要你那点石成金的手指。”这手指就是分析问题、解决问题的方法、途径。

第五章　兴趣的培养

兴趣是指人对周围事物喜爱的情绪。人们一旦对某事物发生兴趣，往往具有持久性和稳固性，甚至会从兴趣转变为爱好。兴趣对于人的才能发展，对于人生所走的道路有着重要的影响，有人把兴趣比喻为成才的第一块铺路石。

一、善于发现孩子的兴趣

过去我国民间有种风俗，当婴儿刚满一周岁时，举行“抓周”活动，在一只木盘内放上毛笔、钱币、荷包、戥子、木尺、刀、剪、算盘等物，哄婴儿伸手去抓。每种物品代表一种职业，通过抓东西了解婴儿对何种物体感兴趣，以便对他的未来进行预测。这说明我国民间很重视孩子的兴趣，通过兴趣预测他的一生。其实这风俗并不科学，因为婴儿幼小，意识模糊，还没有形成兴趣，只有到了 5～6 岁，有了思维能力，这时才会有兴趣。

儿童的兴趣是多方面的，在众多的兴趣中有一个中心，它能把多方面的兴趣统一起来，形成一个兴趣核心。例如一个小男孩，他喜欢皮球、玩具手枪、航模，喜欢穿运动服、运动鞋，喜欢踢足球、奔跑追逐，喜欢看电视的体育节目，这些兴趣都围绕一个中心，就是喜爱体育活动。这种喜爱能调动和激发他对实现目标的热烈追求。

我国的“跳水女皇”高敏，小时候就有男孩子性格，她与邻居小孩捉迷藏、跳橡皮筋、翻跟斗、爬树，这种好动的性格，促使她为当一名运动员而努力。少年时期，教练规定她每晚跪着做作业，以此绷直脚尖。进入省队，教练要求她每天用纱布缠脚 20 分钟。锻炼虽然艰苦，但她兴之所在，竟能长期坚持不动摇。后来，她终于独霸跳板跳水世界冠军十多年，获得 48 次世界比赛的冠军。

有的孩子性格内向，兴趣不很明显，家长也不易察觉。对这种情况，不要以为他没有兴趣，只不过他的兴趣是潜在的，没有表现出来而已。音乐大师莫扎特童年时就是这种类型。在他 4 岁时，他的父亲教他姐姐弹钢琴，莫扎特坐在一旁静静地看，天天如此，从不厌倦。有一天，莫扎特忽然向父亲请求让他弹钢琴，他父亲听了哈哈大笑说："瞧你这双小手还按不住琴键哩，等你长大后再弹吧！"莫扎特并不灰心，当天晚上，他一个人上了楼，在黑暗里坐到钢琴前，弹奏出姐姐常练的曲子。他父亲在楼下听到了琴声很诧异，因为他的女儿正在楼下洗碗，谁在楼上弹琴呢？他端盏灯到楼上一看，发现是莫扎特！想不到 4 岁的儿子如此酷爱音乐，这是过去从未发现的。于是，他父亲就让莫扎特开始练习钢琴。

有的家长对孩子的兴趣不重视，或者不加以引导，甚至横加干涉，从而使孩子的兴趣逐渐减退，甚至丧失殆尽，这是要不得的。例如有的孩子喜欢在墙上、地板上到处乱写乱画，如果家长不问青红皂白，就是一顿训斥，甚至打他几巴掌，把孩子的兴趣吓跑了，也许一个未来的画家就夭折在萌芽状态。有的家长则不同，他不仅不责备孩子，反而鼓励孩子大胆地画，而且为孩子在墙上布置一块园地，使孩子有发表作品的场所。这样既培养了孩子画画的兴趣，又改掉了不爱整洁的习惯。因此，家长的态度对培养孩子的兴趣是至关重要的。

有的家长自己的文化素质不高，不懂什么叫兴趣，就把孩子成长的责任推给学校教师，自己只管孩子穿衣、吃饭、缴学费。这种做法是不正确的。家长是孩子的表率、榜样，是孩子的第一任教师，起着言传身教的作用，如果家长有广泛的学习兴趣，有追求新知识的精神，就能吸引孩子自觉地学习他，效法他。而且，发现孩子的兴趣并不难，关键在于观察。一般来说，孩子的兴趣虽然多种多样，我们却可以将他的兴趣归纳为六个方面，包括认识能力，思维能力，语、数、音、体、美等，具体内容如下：

语言方面：喜欢背诵诗歌，能够完整地讲述故事，背诵课文很流利，学习方言不吃力。能发现别人读错的字、用错的词，说话清楚有条理。

音乐方面：喜欢听音乐，爱唱歌，音阶唱得准确。喜欢听乐器演奏，只要听到声音就能辨别是什么乐器发出的。

空间感觉方面：喜欢画出有想像力、立体感的图画，有色彩的辨别能力，喜欢用橡皮泥捏出各种物体，有清晰的记忆力，走路时，能识别路边的标记，不迷路。

逻辑数理方面：爱动脑筋，不明白就提问，有时家长也回答不出。做事有条理，能把混杂的东西进行分类。学习数学有兴趣，会心算，速度比较快。

身体动觉方面：喜欢模仿别人的动作表情，模仿得逼真。手很灵巧，会使用工具，会用针缝布。很早就会骑自行车。在平衡木上动作平稳。爱跳舞，爱运动，爱打球。

认识事物方面：会编出有故事情节的游戏，会在游戏中扮演一个角色。很注意家长的感情变化，自己的言语行动注意分寸，叙述各种动作时，能加上感情色彩的形容词。对别人的行为有自己的看法，会把这一个人与另一个人作比较。

家长如果发现你的孩子和其中有几条对得上号，你就以这几条兴趣为纽带，因势利导，或顺其自然地发展，不要急于求成，不要期望值过高，因为孩子的成长是诸多因素综合作用的结果，不是单凭兴趣一方面就能奏效的。

二、有效地培养兴趣

孩子的思想很活跃，情绪不稳定，有的兴趣不能持久，有时发生兴趣转移，对原来的兴趣产生厌倦情绪，甚至抵触情绪。曾经有这样的事情，有个家长为了让孩子学琴，花了很多钱买回一架钢琴，还请了教师指导，学了一年，刚刚入门，孩子就不愿学了，家长反复劝说都无效，只好停顿下来。对于这种情况如何处理呢？可能有四种不同的方式：一是“逼上梁山”，强迫孩子继续练琴；二是搞物质刺激，经济上许愿；三是认倒霉，就此罢手；四是找找原因，比如家长是否对孩子的兴趣判断有错误，如果是判断错误，只能及时停止，继续勉强效果会更差。

怎样才能做到判断不失误呢？关键是家长要充分了解自己的孩子究竟属于何种类型。教育学家根据心理特点将儿童分成三种类型：

艺术型：有较强的形象思维能力，想像力丰富，语言富有感情。对音乐、美术、舞蹈、运动有兴趣，容易学习与接受。属于这一类的孩子以后在音乐、绘画、舞蹈、戏剧、文学、体育方面会有较大发展。

思维型：有较强的逻辑思维能力，爱思考问题，常提出别的孩子想不到的问题。语言表达有条理，概括能力强，不经常看故事书。属于这一类的孩子以后在哲学、数学、理化、财经、政法方面会有较大发展。

中间型：介于艺术型、思维型之间，两者兼而有之，但都不明显。

以上三种类型中，艺术型和思维型所占的比例较小，中间型所占比例较大，多数孩子属于中间型。为了把中间型的孩子进一步区分出倾向于艺术型，还是倾向于思维型，还需要对孩子做进一步细致的观察。可以直接观察孩子的行为，看孩子在游戏中是否有想像力，有想像力的孩子也会在他的作文中、图画中表现出来。听孩子讲故事，了解他的语言表达能力。出较复杂的算术题给孩子计算，了解他的思维、推理能力。与孩子交谈，了解他的心理活动和兴趣爱好。从孩子的同伴中听他们的反映。老师对孩子的评语有参考价值。最后由家长将各方面观察的结果进行综合，从而判断出孩子属于何种类型。

只要家长判断是正确的，对孩子兴趣的培养就应该坚持下去，如果孩子不愿继续学习，家长应做好孩子的工作。例如，有的孩子练书法，一暴十寒，浅尝辄止，家长就要及时教育，鼓励孩子坚持下去。可以给一点压力，使之化为孩子坚持学习的动力。

如果家长判断是错误的，那就要毫不迟疑地加以改正，而不要顾全自己的面子。我国南北朝时的科学家祖冲之，5岁时，父亲强迫他读经书，他不感兴趣，背不出来，经常受到父亲的处罚，这种状况一直持续到9岁。他的祖父发现这种强迫教育效果不好，就出来干预，把祖冲之带到农村去，换个环境，在广阔天地里给孩子讲天文、地理。这一着果然有效，引起祖冲之对学习天文、地理的兴趣。祖冲之主动找这方面的书去读，读到不懂处就向有学问的人请教，因此他的天文、地理、数学方面的知识突飞猛进，长大以后成了一名伟大的科学家。

对孩子的兴趣培养应持之以恒，不要轻言放弃。古人云："行百里者半九十。"有些人往往在最后阶段没有坚持下去，功败垂成，这种情况在运动员中屡见不鲜。有时遇到特殊情况，中途发生挫折，也不要轻易改变。爱迪生在实验中失火烧着了车厢，被车长驱逐下车时，如果心灰意冷，就此罢手，他也就成不了伟大的发明家。诺贝尔物理奖的获得者卡曼林，童年时受父亲的影响，喜欢动手做实验，父亲将小阁楼辟出来给他做实验室。有一天，卡曼林做实验时不小心失火，把阁楼烧着了，他吓得跑到田野里躲藏起来。直到第三天早晨，他父亲才在田野里将他找到。这时，他父亲不但没有责备他，反而鼓励他继续实验，对他说："为了你的研究，即使把房子毁掉了，我也不怨你。"父亲有力的支持，坚定了卡曼林继续实验的决心，使他终于成为一名物理学家。

三、家长对孩子的辅导

事业成功者的背后往往有父母的影子。有人说："一个父亲胜过十个教师。"德国教育家福楼贝尔说："国民的命运与其说是操在掌权者的手中，倒不如说是掌握在母亲手中。"以上两种说法从不同的侧面强调了父母的教育对子女成长的重要性。父母的教育包括言传身教和智育辅导两个方面。

下面举出麦克斯韦的父亲辅导成功的例子。英国数学家麦克斯韦小时候爱提问题，他的父亲不厌其烦地给他解答，有时被问得无法解答，就把他带到爱丁堡皇家学会去听科学讲座。小麦克斯韦并不能完全听懂，但接触到了他从未听说过的知识。他父亲逐渐发现儿子有数学的天赋。有一次，他要麦克斯韦画一幅插满菊花的花瓶图，麦克斯韦用梯形代替花瓶，用大小不等的圆形代表菊花，用许多三角形代表花叶。他父亲看了，感到儿子适宜学几何，就找了几何书来指导儿子阅读。麦克斯韦如鱼得水，很快沉浸在数学的海洋中，头脑越来越灵活，他15岁就研究出椭圆曲线的画法，并发表在皇家学会的学报上时，令那些专家们称为奇迹。

父母对孩子的及时帮助是很重要的。华裔物理学家吴健雄在中学时就喜欢物理，她母亲为了女儿的学习，专程赶到上海，在书店中寻找有关的书籍送给女儿。吴健雄得书后更加刻苦自学，打下了坚实的数理化基础，为以后的学习深造、科学研究创造了有利条件。

孩子如果是思维型的，家长就应该以自己的科学知识和实践经验去影响孩子，培养孩子的逻辑思维能力。家长自己也要经常阅读科学书籍，在家庭中营造科学气氛，用科学知识启发孩子。对孩子多鼓励，不要经常批评，以免造成孩子的自卑感。家庭要和睦，父母要多了解孩子的心理活动，及时解决孩子的问题。既要培养孩子做学问，具有渊博的知识，更要注意培养孩子做人，具有高尚的道德情操。

如果孩子表现属于艺术型，家长应顺其自然，向艺术方向引导。比如有的家长对学龄前儿童，每晚临睡前讲一则故事或者教一首儿歌，以后逐步提高要求，让孩子背诵儿歌。平时经常给孩子听朗诵磁带，养成睡前10分钟、起床后10分钟进行诗词朗诵的习惯。当孩子长大以后，要求他睡前15分钟阅读一篇散文，第二天起床后背诵一首古诗。当孩子升入小学高年级时，要求每天看文学书籍20分钟，周末或假日可适当延长。对于孩子阅读的书籍，家长要做选择，选择那些积极的、高品味的文学作品。要指导孩子用口头的、书面的语言进行创作，写诗歌、寓言、童话、散文、小小说等，鼓励孩子写日记。还可以利用全家人聚集的机会，让孩子朗读自己创作的作品，引起孩子创作的兴趣。

德国诗人歌德小的时候，母亲每晚给他讲故事，讲到关键处就不讲了，以后的情节让歌德自己去想、去编。到第二天，他母亲先让歌德讲故事下半段，然后才讲另一则故事。所以歌德从小就有丰富的想像力。

如果孩子有音乐才能，家长应该选择有童趣的歌曲去培养孩子，不要轻易教唱流行歌曲，因为现在的有些流行歌曲对儿童的身心发展不利。有条件的家庭可请专业教师指导孩子学习乐器，也可以让孩子参加少年宫的合唱团、乐器班接受培训。孩子在家中可经常听音乐磁带。节假日父母带孩子到郊外去，接触大自然，陶冶性情。

对于爱画画的孩子，父母应给予鼓励，选购一些可供孩子绘画临摹的书籍，让孩子自己去画。有条件的可让孩子参加少年宫的绘画班学习。在家里辟一块作品展览园地，供孩子张贴自己的画，是对孩子成绩的肯定与鼓励，可调动孩子继续学习的积极性。

有的孩子喜欢舞蹈，家长有条件的应给予指导，教孩子一些基本动作，走碎步，跑跳步，踏点步，根据伴乐的节奏做出律动动作，或模仿动物的行动，或学习采茶摘果子的动作，使孩子边走舞步边做动作。也可让孩子参加少年宫的舞蹈班接受培训。不要让孩子模仿成年人的舞蹈，那样往往不利于孩子的身心健康。当孩子舞蹈熟练后，可在家庭里组织表演，以坚定孩子的信心。

家长为孩子付出的辛劳是会有收获的，一个有良好素质的未来的专业人才将会因家长的培养而诞生。

四、不良兴趣的克服

孩子的兴趣是多方面的，在各种兴趣中，既有积极的，也有消极的，还有产生负面影响，使孩子误入歧途的不良兴趣。什么是不良兴趣？例如，有的孩子迷恋游戏机到了废寝忘食的地步，学习成绩急剧下降；有的孩子迷恋赌博，从赌小画片到赌金钱；有的孩子与社会上流氓混在一起，打架、斗殴；有的孩子受坏人的胁迫小偷小摸，偷家里的钱出去乱花。这些不良兴趣会腐蚀孩子幼小的心灵，危害极大。

家长发现孩子的不良兴趣后，往往有不同的处理方式：有的家长是一打、二骂、三责罚；有的家长自己不负责，却要求教师严加管教；有的家长抱着无所谓的态度，对孩子听之任之。这几种态度都不正确。对孩子的教育，家长负有不可推卸的责任。我们的孩子不是生活在真空中，他们必然会与社会各方面接触，社会上既有健康向上的积极方面，也有腐败堕落的消极方面，由于孩子幼稚、单纯，可塑性强，容易受影响，家长更应该肩负起教育的责任，并和学校教育、社会教育结合起来，增强孩子的识别能力，使他们自觉抵制不良兴趣的吸引。

如果孩子已有不良兴趣，家长应该正视现实，采取积极慎重的态度，首先了解孩子产生不良兴趣的原因。不良兴趣多数是由外界的引诱造成的。家长应该切断这些外界的影响。如不让孩子到游戏厅、网吧和儿童不宜的地方去玩，向公安部门举报游戏厅、网吧对未成年人的腐蚀；切断孩子与流氓的来往，向派出所举报社会上的流氓团伙。要控制给孩子的零花钱。每天要检查孩子的作业，并与学校教师取得经常的联系。对父母离异的孩子，抚养人应该使孩子得到关心和爱护。从积极的方面着手，要特别重视引导孩子开展有益于身心健康的活动，建立良好的兴趣，取代不良兴趣，使孩子有所乐，有所玩，身心愉快。

为了使孩子克服不良兴趣，培养良好的兴趣，家长可以做以下一些工作：为孩子布置有利于良好兴趣形成的环境，如在室内安放图书、组合型玩具、电子琴、游戏棋等。在院内饲养兔子、鹌鹑，栽种花草。节假日带领孩子参观博物馆、科技馆、动物园、种植园。让孩子参加少年宫举办的各种活动。有条件的可以带领孩子学游泳，学溜冰，学划船，使孩子的生活丰富多彩。父母的一言一行都是孩子学习的榜样，一个整日沉浸于搓麻将、打扑克、饮酒作乐、吵嘴打架的家长，不会给孩子留下好的影响。为了孩子，为了下一代，家长应该营造一个温馨的家庭。

孩子有了不良兴趣，犯了错误，父母不应对教育孩子失去信心，应该相信孩子的可塑性大，通过教育是会改好的。教育学上有个名词叫“皮格马利翁效应”。皮格马利翁是希腊神话中的吉普罗斯国王，他爱上了一尊美女的雕像，就把雕像当成自己的爱人，每天对它祈祷、膜拜。他的真诚终于感动了上帝，上帝就将生命赋予雕像，使雕像成为皮格马利翁的真正爱人。这个神话说明，只要愿望是良好的，有诚心，有耐心，再加方法得当，愿望就有可能实现。

皮格马利翁效应对表现差的孩子是有效果的。有位教师曾做过一个试验，他怀着一腔爱心和完全能教育好的信心，和一个有不良行为的孩子真诚相处。对孩子的错误采取个别谈心的方法，动之以情，晓之以理，教之以法。不在其他小孩面前批评他，对孩子身上表现出的闪光点及时抓住，加以鼓励。孩子在地上捡到一枚分币交上来，就当众表扬他拾金不昧的精神。孩子扶起跌倒的小朋友就表扬他助人为乐的精神。在条件成熟的时候，就安排他当小组长，让他为同学服务。由于教师循循善诱，这个孩子的不良行为得到克服，各方面进步很快，终于成为好学生。这个教师的试验也获得了成功。

五、在游戏中培养兴趣

孩子普遍对游戏感兴趣。他们根据自己的意愿做各种游戏，可以反映出他的兴趣爱好；在集体游戏中，孩子可以和其他小朋友开展交流，增进团结。如果家长或教师正确加以引导，就能寓教于乐，对孩子的成长起到潜移默化的教育效果。

孩子在游戏中可以充分发挥自己的想像力。两腿间夹一根短竹枝在跑，他说是骑马。面朝小椅背坐，赶着椅子向前挪，他说是开火车。在集体游戏中，“老鹰捉小鸡”形象地表现了正义与邪恶的斗争。游戏可以发挥孩子的创造才能。当新蚕豆登场时，有的孩子将一粒蚕豆插上折弯了的四根火柴棒，将两枚黑火柴头插在蚕豆黑嘴的两角，就成为活泼可爱的青蛙。有的孩子将芦苇叶子撕成两条，相互对折就煞似一条可活动的长蛇。也有的孩子将成熟的小葫芦，四周锥些小洞，顶上剪开一个口子，就可以装进蟋蟀或蝈蝈，封上洞口可以万无一失。这些虽是孩子们自发地做的简单的游戏，却表现了孩子们的创造才能。

为了让孩子更好地游戏，家长应加以引导。有条件的家庭，可以给孩子辟出一块园地，给孩子准备一些可以利用的材料，放在一只纸板箱内，供孩子随时使用。还应鼓励孩子与邻居家的孩子共同游戏。家长也可以参加游戏，和孩子一起动手，共同娱乐。

我国教育工作者对孩子的游戏做过研究，他们将孩子的游戏归纳为以下六类。

创造性游戏：由孩子按照自己的意愿和想像，扮演各种成年人的角色。例如，扮演爸爸、妈妈、店员、医师、教师等，利用玩具或废旧材料代替生活中的真实用具，以模拟的环境象征真实的环境。孩子通过游戏，可以加深对各种人职业身份的认识和对社会生活的理解。他们玩娃娃家，哄娃娃睡觉，喂娃娃吃饭，给娃娃打针，扮演交通警维持交通秩序，等等。这些游戏可以反映孩子的社会意识。

表演游戏：当有了一定的表现能力后，孩子们就不满足于简单地模仿，而要表演有情节的故事，用身段和语言来表达自己的想像力和创造力。例如，表演大灰狼敲小白兔的家门，大灰狼甜言蜜语，小白兔聪明机警，故事情节虽然简单，但很适合孩子的口味。除了表演外，还有讲故事、跳舞、玩木偶等，都可以提高孩子的表演能力和语言才能。

智力游戏：可以训练孩子对事物的反应能力。捉迷藏就是其中的一种。捉人的孩子要有敏锐的观察力，要在不易觉察的地方将躲藏者找出来，如反应迟钝将一无所获。丢手绢也是训练孩子反应力的，如果被丢了手绢的孩子没有及时觉察到，他就要被“罚”，唱支歌或跳个舞。智力游戏多种多样，可以通过看、听、闻、尝、猜等动作来进行。猜“剪刀、石头、布”也是一种简易的智力游戏。

组合游戏：又叫构造游戏。我国传统的益智图、七巧板就是一种拼图玩具。现代的积木可以搭建立体的图形。随着科技的发展，积木的材质种类越来越多，木质的、塑料的、金属的、橡胶的、胶泥的；在构造上，由搭接发展到接插、镶嵌、铆接、粘合等；在造型上，从房屋、船、桥，扩展到生活用具、动物、人形等。拼装这种组合玩具，可以增加孩子们动脑、动手的机会，加深对物体整体性的认识，培养造型的技能。

音乐游戏：是将音乐与游戏结合在一起的活动，孩子可以一边游戏一边唱歌。击鼓传花就是孩子们围坐在一起，由一个孩子击鼓，一朵红花在孩子中迅速传递，当鼓声停止时，红花落在谁的手中就由谁唱一支歌。与此类似的占椅子，让孩子站在一圈椅子的后面，跟随音乐的节奏做出韵律的移动，当音乐停止时，每个孩子要就近占一张椅子坐下，因为椅子比孩子的人数少一张，有一个孩子占不上椅子，就要唱一支歌。通过这种游戏可以培养孩子快速机智的反应能力，当众歌唱的能力。

体育游戏：是将游戏与体育活动结合。游戏有一定规则，孩子根据规则来进行。例如传球游戏，孩子可排成两队，孩子之间保持适当的距离，当信号发出后，球从第一个孩子开始挨次向下传，丢了球的要捡回来再传，先传到最后一个人的队获胜。老鹰捉小鸡也属于这一类。其他如踢毽子、跳绳、拍球、滚球等，也都可以达到体育锻炼的目的。

以上所举的游戏以集体活动为主，它能弥补孩子们单个游戏的不足，改变在家容易娇惯任性的不良习惯，养成爱护集体，团结、守纪的品德。还可以通过游戏培养孩子的学习兴趣。

第六章　指导观察

人们认识社会，认识自然，首先必须进行观察。书本知识也是前人观察的经验总结。所以观察是人们认识事物的重要手段。对于幼儿来讲，观察尤为重要，是他认识事物的开始。许多科学家都是最善于观察的人，他们具有很高的洞察力，能通过观察，透过现象，发现事物的本质和规律，他们的观察力往往高于一般人。一个明智的家长应该重视培养孩子的观察力。

一、观察的含义

观察是一种综合性的感知活动，是孩子们运用各种感觉器官去认识事物。首先用眼睛看，然后用鼻子闻，耳朵听，手指摸，舌头尝。假如有三袋白色粉末，第一袋是精盐，第二袋是蔗塘，第三袋是樟脑粉，要求孩子去辨认。孩子会先用眼睛看；无法区别后，就用鼻子闻，把有异味的樟脑粉区别出来；剩下两袋怎么办？家长可以指导孩子用筷子蘸一点放在舌头上尝一下，从而辨别出哪袋是盐，哪袋是糖。当然，这时家长一定要告诉孩子不要随便用舌头去尝，以防中毒或灼伤舌头。据统计，在观察的过程中，眼睛所获得的知识，约占知识总量的80%，其他感觉器官所获得的知识，约占20%。

观察是一种智力活动。当孩子观察一个物体时，他要集中注意，运用感官，进行思索，并在大脑中留下记忆，这一连串的思维活动都是智力活动。孩子只有通过大量的观察才能认识客观事物，丰富自己的知识，同时提高自己的智力。

观察是一种辨别能力的训练。孩子进行观察，可以通过联想和比较，提高对物体的辨别能力，掌握物体的外部特征，如果将雏鸡与雏鸭混在一起给孩子观察，让孩子自己去辨认，细心的孩子会发现这两种雏禽，既有许多相同点，也有许多不同点。它们的不同点是：雏鸡的喙尖形，雏鸭的喙扁圆形；雏鸡的足爪形，雏鸭的足爪间有蹼；雏鸡的颈短，雏鸭的颈长；雏鸡的身体短，雏鸭的身体长；雏鸡的叫声“叽叽”，雏鸭的叫声“呷呷”。通过这样的对比，孩子的辨别能力就提高了。辨别能力是区分不同物体的能力，是一种很重要的思维能力，缺乏这种观察力就不能正确认识事物。有个化学家考核学生的观察力，他用一只烧杯盛了人尿，一只手指伸入烧杯内蘸上尿液，然后将手指送入自己口内，示范以后要求学生也模仿做一遍。学生挨次做了，尝到尿液后个个感到恶心。这时，化学家严肃地批评学生，说他们观察不仔细，没有看出老师是用食指蘸的尿，而放进嘴里的是中指。化学家指出，观察不细心，差之毫厘，失之千里。

观察是一种复杂的心理活动。孩子们观察的效果，和他的个性、兴趣、意志、情绪、动机有着密切的关系。这些非智力因素对观察力的培养有重要的作用。比如，女孩子爱观察花草，男孩子爱观察蚂蚁；看电视时，女孩子爱看舞蹈，男孩子爱看球赛。性格不同，观察的对象和效果也不同。因此，进行观察必须保持良好的心理状态。

二、孩子观察的特点

指导孩子们观察，必须了解孩子观察不同于成人的特点。

孩子在观察中具有随意性。孩子的观察更多地受兴趣的支配，感兴趣的事就愿意观察，不感兴趣的事就不去观察。孩子们对发光的、活动的、色彩鲜艳的、发出声响的物体很感兴趣，对色彩灰黯的、静止的、不发光的、没有声响的物体就不感兴趣。孩子们观察事物，很难服从一定的目的，遵照一定的计划，全面、深入、细致地进行，而是兴之所至，随遇而发，兴趣转移了，观察的对象也随之转移。幼儿园的老师带着一队幼儿到公园游玩，目的是组织儿童看花卉，辨认花的形状，闻出花的气味，增长花的知识。不料一只蝴蝶飞来，儿童们被蝴蝶吸引，就离开队伍，跟在蝴蝶后面追逐；半路上又跑出一只小叭儿狗，儿童们又转而去追赶叭儿狗。儿童们随意的行为打乱了老师原来的计划，这并非儿童故意捣乱，而是观察中随意性的具体表现。

孩子的观察缺乏细致性。孩子们观察时，往往只注意事物的某些现象，而忽视另外一些现象，不注意现象的相互联系和发展变化，因而很难获得全面、深刻的印象和认识。在日常生活中，有的孩子往往把左右脚鞋子穿反，把套头衫前后穿反。有的孩子喝水时不注意是凉水还是烫水，拿起杯子来就喝。还有的会认错人，把行人当成自己的亲人。这都是观察中的粗心大意造成的错误。

孩子的观察缺乏独立性。孩子们在观察中容易相信别人的话，用别人的话代替自己的观察结果，甚至相信别人的话胜过自己的亲眼所见。动物园中多次发生动物伤害儿童的事件，就是因为孩子们从家长讲的故事中，从电视的动画片中，听到看到虎妈妈、熊爷爷、猴哥哥是那么的善良可亲，也就信以为真，随意和这些动物亲近。这也足以说明在孩子观察中家长正确引导的重要性和必要性。

孩子的观察缺乏持续性、稳定性。“小孩无常性”，孩子们观察事物不能持续较长的时间，年龄越小持续的时间越短。例如看图画，3～4 岁孩子持续时间为 7 秒，4～5 岁孩子 8 秒，6 岁孩子 12 秒。随着年龄的增长，孩子们观察的持续时间逐渐延长，稳定性也逐步增强。

孩子的观察缺乏概括性。孩子们观察事物时，往往孤立地看待事物的某些特征，不能把事物的整体特征概括出来，更不能观察出此事物与其他事物之间的联系。如果家长问一个概括性比较强的问题，比如春天有哪些特点，孩子往往答不上来。但如果问冰雪何时融化，树木何时发芽，桃树何时开花，燕子何时飞来，这样一桩一桩地问，孩子往往能回答清楚。概括力是一种思维能力，是需要进行训练的。

三、激发观察的兴趣

为了引起孩子观察的兴趣，家长对观察的对象应加以选择，挑选那些形象鲜明的，内容较为复杂的，与孩子已有知识相近的对象。孩子普遍好奇，对初次接触到的东西更容易引起注意；对复杂的事物也想弄个明白，不过因为太复杂了，容易望而生畏，失去兴趣。孩子喜欢以自己已有的经验去类比新观察到的事物，虽然这种机械类比并不适用，但因为知道得太少，只好用已知的东西去套。比如有的孩子提出要“种太阳”，就是因为他看到树木花草能种，就以为所有的东西都可以种植。因此，在指导孩子观察时，不但要选择好对象，而且要教之以方法。

家长引导孩子观察要有计划。孩子的身边可以观察的对象很多，大体上可分为以下几类：第一类，人们的社会生活，衣、食、住、行，生活习惯，文明风尚等。第二类，动、植物的形态、习性、生活方式。第三类，山地、丘陵、江河、草原、沙漠等地形地貌。第四类，自然界的变化，风、云、雨、雪、物候。第五类，日、月、星辰等天象。为了便于以上几方面的观察，家长可以带领孩子参观动物园、植物园、水族馆、天象馆、自然博物馆、历史博物馆和科技馆等。这些地方对展示的对象有文字说明，还有人讲解，孩子在观察时可以得到有益的指导。在寒暑假时家长还可以带领孩子外出旅游，让孩子认识大自然，接触社会。

家长带领孩子观察，应把观察的要求与目的讲清楚，使孩子集中注意力和观察力。例如参观禽鸟馆，家长可以要求孩子分清哪些是鸣禽，哪些是猛禽，哪些是涉禽。也可以提出一些具体的问题："两腿和脖子细而长，嘴巴长而尖的鸟有哪几种？""腿短，嘴短、颈短，鸣声宛转的鸟有哪些？"让孩子带着疑问去观察，这时的注意力就容易集中。在启发孩子观察时，家长的语言要精练生动，富于形象性。观察小白兔时可以问："谁的眼睛红通通？"观察下雨时问："千条线、万条线，落到水里看不见，它是什么？"观察青蛙时问："两只眼睛四条腿，咕哇咕哇一张嘴，扑通扑通跳下水，它是什么？"形象生动的语言可以调动孩子观察的积极性、主动性。

对于幼儿，还可以通过多种形式进行观察的训练。第一种是游戏活动。比如让幼儿模仿某种动物的动作和叫声。如果孩子不会模仿，家长可以先做示范，然后由幼儿进行模仿。也可以让幼儿进行静态观察，在桌上放几件玩具，给幼儿观察，然后叫幼儿闭上眼睛，换一些玩具，或者变一下玩具排列位置，然后让孩子睁开眼睛观察，说出前后的变化。

第二种，利用图片、标本、模型、教具引导孩子观察。动、植物的标本是实物观察的工具，可以充分利用。比如家蚕的演化过程、蜜蜂的群居生活、蝗虫的繁殖等，孩子看了标本就有形象生动的初步了解。

第三种，让孩子绘画，或者用橡皮泥复制某些物体的外形。这种活动，可以促使孩子认真观察，有了印象后才能绘画或塑造。

四、培养与提高观察力

孩子的观察受多种因素的制约，如知识水平、生活经历、个性特点、心理因素等等。知识水平高的孩子见多识广。生活在大城市里的孩子，见了火车、汽车、飞机、轮船不会惊奇，而大山里出来的孩子则完全不同。城市里的孩子初到农村，如果看到农村的孩子划着一只大木盆在池塘里采菱角，也会惊奇不已。知识水平和生活经历不同，观察的质量和深度就不同。

孩子的个性和观察的态度、质量有密切关系。个性勤奋的孩子，在家长指导下，能够全神贯注地进行观察，效果就好；对于个性懈怠的孩子，家长就要激发他的兴趣，指导他进行观察；对于性格软弱的孩子，要鼓励他多看猛兽、猛禽，增强他的勇气；对于个性粗疏的孩子，家长要提出细致的要求，让孩子逐一完成观察任务，没有看清楚的要求重新观察。这样因人而异的指导，有助于孩子的个性得到全面、健康的发展。

孩子在观察中有“趋动避静”的心理特点，家长指导时，既要注意动态的物体，又要注意静态的物体，这对全面提高孩子的观察力有好处。世界上一切物体都在运动变化，只不过有的变化快而显，有的慢，不明显。指导孩子观察物体在静态下的变化，更有利于锻炼孩子深入细致的观察力。例如，将浸湿的稻籽放到平底的盆内，放在温暖的地方，不几天，稻籽就会萌发出嫩芽，并一天天长大成为秧苗。这种变化是极其缓慢的，不细心观察就看不出来。在这个过程中，让孩子每天观察二到三次，孩子就会了解稻籽萌发的全过程。还可以做对比观察。比如在碗里放几粒卵石，用水浸没，让孩子每天同时观察，孩子就会发现卵石没有变化。对比中，家长可以告诉孩子，稻籽是有生命的物质，在一定的条件下能够发芽、生长，而卵石没有生命，所以不可能生长、发育。这样的试验，对于提高孩子的观察力是大有好处的。

提高孩子的观察力，是家庭教育的重要环节。世界上许多大科学家都有敏锐的观察力。生物学家达尔文，他在大西洋马得拉岛上考察，发现许多种昆虫，它们的翅膀要么已经退化，甚至没有，要么就是很发达。什么原因呢？达尔文经过细心的观察，发现原来岛上经常刮大风，刮风时，有普通翅膀的昆虫被吹到海里毁灭了，翅膀退化了的昆虫却留下来，而飞翔能力很强的昆虫能迎风飞翔，所以它的翅膀特别发达，也生存下来了。达尔文据此得出“自然选择，适者生存”的结论。如果没有深入的观察，他就不会有这种科学的发现。所以，提高孩子的观察力，是家长指导孩子观察的重要一环。

第七章　引导阅读

阅读书籍对孩子的成长至关重要。孩子通过读书，可以增长知识，提高智慧，了解自然，认识世界，陶冶情操，学会做人。前苏联教育家苏霍姆林斯基说："孩子的阅读活动开始得越早越好，阅读同他全部精神生活能有机地发生联系，阅读时的思维过程就越复杂，阅读对智力的发展就越有补益。"哲学家培根也说过："读诗使人灵秀。"孩子通过阅读，他的心灵会进入一个无限广阔的知识境界，书中的智慧无时无刻不像雨露般滋润着他的心田。

一、帮孩子过好认知关

孩子认字、识词，是他成长中的重要步骤。绝大多数孩子能顺利地通过，并逐步成为一个有文化的人，也有少数孩子没有跨过这一步，成为目不识丁的文盲。因此，帮助孩子过好认知这一关极为重要。

我国的汉字是单音节的形声字，古人教孩子是从认字开始的。家长将常用的字写在方形的纸片上，一纸一字，称为字块，要求幼儿每天认 4～5 个字。在认字的同时教孩子写字。在一块白色的木牌上用红漆写上"上大人，孔乙己，化三千，……"等字样，再让孩子用墨笔在红漆的字上描摹一遍，写后用水洗去可以再用。这样写字就叫描红。当然，这种认知的方法很落后，不能完全适合今天的要求。

现在幼儿认知的第一个环节是学习拼音字母，认识汉字的注音符号。学习中遇到困难，有的家长往往回答不了，这时可以教孩子向《字典》、《词典》请教。现在出版的《字典》、《词典》都采用拼音字母注音，并在书的后面附了《汉语拼音方案》，对声母、韵母的发音都有文字说明。孩子学好拼音字母对认识汉字很有必要，他可以通过查《字典》，知道字的读音。

幼儿认知的第二个环节是认识汉字。汉字是形、音、义的结合体，大多数汉字有一定的形体，有一定的读音，表示一定的意义。汉字从形体上可分为独体字与合体字两类，“人、手、口、刀、山、水、火、木、日”等是独体字，“依、江、炒、花、捐、暇”等是合体字。合体字中有一类是由形旁和声旁两部分结合起来的，如用“木”字作形旁，可以组成“桃、梅、梨、枝、株、棵”等字；有一类是同一个声旁与不同的形旁相结合的，构成许多声音相同而意义不同的字，如用“我”字做声旁，就可以组成“鹅、蛾、峨、莪、俄、娥、哦”等读〔é〕的形声字。形声字的结合方式多种多样，如左形右声、右形左声、上形下声、下形上声、外形内声、内形外声。家长如果懂得形声字的组字规律，就可以将查字的方法教给孩子，让他自己去查。例如“镶”字有二十二画，孩子只须记住这个字是由形旁“金”字和声旁“襄”字所组成，就可以读出它的发音，知道它的意义。让孩子掌握组字的规律，就可以收事半功倍之效，而且不会写出错别字。

幼儿认知的第三个环节是识词。词分虚词与实词。实词又分为名词、动词、形容词、数词、量词、代词，虚词可分为副词、介词、连词、助词、叹词、拟声词。词由一个或两个、两个以上音节的字组成，分为单音词和合成词。单音词如“天、地、人、好、坏、我、你、他”等，合成词如“学习、老师、教室、电视机、办公室、宇宙飞船、国务委员、阿司匹林、乌鲁木齐、喜马拉雅山”等。词是构成短语或句子的语言单位，家长应该了解词语的基本知识，以便于辅导孩子学习。

幼儿认知的第四个环节是造句。句子是语言的使用单位，可分陈述句、疑问句、祈使句、感叹句。孩子由于先学会说话，后学习汉字，要他造句时，他总是按照说话的习惯来造句，这样造出的句子是否正确，要求家长按照语法给以指导，纠正造句中不确当的地方。

家长必须指导孩子过好认知关，才能引导孩子去阅读书籍，学习知识，增长才干。

二、培养读书的兴趣

英国的教育家戴维·路易斯认为：“每个孩子生下来都是具有天赋的，他们天生就有一个具有无限智能的大脑，这种大脑在经过几百万年的进化后，具有迅速捕获复杂意念和轻而易举地解决复杂问题的能力。然而这种无限的天赋潜能是否得到充分的发挥，则有赖于孩子在童年时期所受的教育，一句话，这一切有赖于你。”他把教育孩子的责任寄托到家长和教师身上。作为家长，你怎样教育孩子呢？当然言传身教是首要的，此外，引导孩子读书也是一条重要的途径。法国作家莫洛瓦说得好：“任何事物都不能取代读书，演讲或银幕上的映画，在启发心智上都没有读书那样有力量，一本伟大的书，一定可以使读者在读过之后就成为一个更优秀的人。”所以，引导孩子读书，是培养人的成功之路，历史上许多学者博览群书的事迹都证明了这一点。

为了引导孩子读书，在家庭中要营造有利于读书的气氛，有专供孩子读书学习的地方，保持安静，减少干扰。有的家庭天天打麻将，玩扑克，搞派对，或者是网络上闪烁着股市行情，根本没有考虑给孩子留下学习的场所，甚至把孩子挤到屋角里去完成作业。在这种不重视读书的家庭里，要求孩子安心阅读是很不现实的。一个明智的家长应该以身作则，自己带头读书，并给孩子一个安静的学习环境。

在有条件的家庭，孩子读书的地方可适当张贴一些图片，如风景挂图、学者肖像、学习的座右铭条幅之类，还要给孩子一个堆放图书的书架。

榜样的力量是无穷的，家长每天定时读书看报，孩子也就自然而然地坐下来阅读了。有的家长认为孩子只要完成学校里的作业即可，看不看其他书籍无所谓；或者认为孩子太小，不宜看书，大了以后又强调作业太多，不能加重孩子的负担，等长大成人后再说吧。这些看法过分强调了客观条件的困难。其实条件是人创造出来的，孩子每天安排 10～20 分钟读书时间是可以的。有的家长就是这样做的，对两岁的孩子，每晚睡前讲一则短故事，或者念一首儿歌；到孩子开始识字时，逐步将口头传授过渡到书面学习，让孩子自己看图书，把这个习惯始终保持下去。

现在科技发达，可供孩子阅读的作品除了书籍以外，还有磁带、录像带、电脑网络等。对于学龄前儿童，可以安排时间让他听儿歌、诗歌朗诵，听故事，时间安排在早晨起身后和晚上睡觉前，用 10 分钟时间。上小学的孩子每天临睡前用 10 分钟时间读一篇短文，或背诵一首诗歌。上中学的孩子已有独立阅读能力，每天坚持用20～30分钟时间阅读书籍，周末时间可适当延长。孩子看电视的时间要加以控制，电视的内容要加以选择，因为电视是以图像传递信息的，孩子长时间接受图像不能深入思考，学习时思想不易集中。

阅读什么书籍是家长关心的问题。孩子在不同的年龄段，心理状态、兴趣爱好、理解能力不同，家长应根据孩子年龄的特点，选择适宜的书籍。幼儿读物要求简单、明白、易懂，如以图为主的儿歌、谜语、寓言、童话等书籍。小学阶段孩子要选择有关社会的、自然界的科普常识，既要有思想意义，又要有艺术感染力，构思新颖，趣味性强的儿童读物。中学阶段的孩子属于过渡时期，往往爱读成年人读的书籍，但因缺乏鉴别力和分析力，阅读的效果并不理想。对他们，可以选读中外文学名著、科普读物、科幻小说、史地知识、人物传记等。要教育孩子多读好书，不看黄色书籍。德国哲学家叔本华说："善于读书的人，决不滥读，这是极为重要的事情，就是无论何时，凡为大多数读者所欢迎的书，切勿贸然拿来读……不如把宝贵的时间专读古今中外的超群绝伦的名著。只有这些书才是开卷有益的。"如果你的孩子把时间消磨在无聊和有害的书刊上，那就是浪费生命，甚至会慢性中毒，是极为有害的。我们应该引导孩子读内容健康，艺术高雅的书，从中汲取知识和精神营养。我国作家巴金说得好："好的作品把我的思想引到高的境界；艺术的魅力使我精神振奋；……一直到死，人都需要光和热。"

三、提高阅读水平

读书应该讲究读书的效果。对于孩子的阅读，家长应该进行必要的辅导。

对幼儿，家长每晚给孩子读1～2首儿歌，讲一则寓言或童话，不要把情节讲完，留一点让孩子自己去思考。不要给孩子讲鬼怪的故事，防止产生负面影响。第二天晚上，复习昨天的儿歌，让孩子讲出未完的情节，可以任由孩子自己去编。第三天再学新的儿歌，讲新的童话，仍然留下给孩子思考的情节，到第四天再复习、检查。

对低年级小学生，可以为他订阅适合少年儿童的报纸杂志，让他自己阅读，家长不定期地检查。也可以每周教孩子1～2首古诗，要求孩子熟读背诵。

对高年级小学生，可以订阅《少年文艺》、《少年科学》之类的杂志，要求他认真阅读。也可以阅读《安徒生童话》、《格林童话》，以及历史名人、模范人物的传记，介绍祖国壮丽河山的新闻报导。要求孩子写200～300字的读书心得。

对于中学生，阅读的范围更广，可读的杂志更多，如《中学科技》、《航空知识》、《航海》、《科幻世界》、《儿童文学》、《电子报》等，也可读些名著，如《三国演义》、《水浒》、《西游记》、《红楼梦》等，但只能选读，不能把学习时间都用来看小说。在学习时间的运用上要分清主次，不能本末颠倒。一味迷恋小说，会荒废学业，违背了阅读本意。

家长要教给孩子读书的方法，要求他边读、边想、边问，多问几个为什么，让头脑处于积极思维的状态。英国戴维·路易斯说："成功的教育主要不在于传授知识，而在于提供获取这些知识的途径，并在这同时激发和培养个人对学习知识的自然渴望。"对于必须精读的书籍，可在属于自己的书上（非公共图书）做些圈、点、杠的符号，以便今后拿出来反复诵读。还有一种方法，是将以后需要查找的书上某一页夹上纸条，在纸条上写明标记，这样就不会在书上留下痕迹。

要求中学生写读书笔记，可以是提纲式的，字数不多，但要有真情实感，不写套话、空话。对于喜爱文学的孩子，要求他们将读过的文学作品做个内容梗概的叙述，可以是口头的，也可以用书面的形式，这是一种锻炼，对以后写作有好处。

对于已有一定阅读水平的高中学生，要求他们自己会选书。古今中外的书籍浩如烟海，中学生只能择其精要进行阅读。选书要与自己的兴趣、已有的文化水平、今后的发展方向结合起来。现在有些杂志，如《百科知识》、《读书》、《畅销书摘》、《新华月报》等，及时报导出版信息，介绍新书内容，可以一读。在80年代，北大教授季羡林曾主编过一本《中外文学书目答问》，他根据初学者的特点和需要，推荐265种参考书目，均为中外世界文学名著，高中学生可向图书馆借来一阅，以便为自己提供书目。

读书的方法可分三种。第一种，必须熟读背诵的，如诗词、散文名篇、格言、警句等。第二种，必须深刻理解，加深记忆的，如论说文、古典散文、科学概念等。第三种，用浏览方式粗读，也可以跳读，不须逐章逐段细读，这样可以提高读书的速度，如长篇小说就可用此方法领略其大概。现在，人们在电脑上查阅资料，范围缩小，目标明确，可以大大节省时间和精力。

学会使用工具书是辅助阅读的重要手段。如中小学使用的字典、词典，直至《汉语大字典》、《辞源》、《辞海》、《中国大百科全书》、各类专业辞典，它们是由专家精心编辑的工具书，对字、词、成语、专业条目都有详细准确的解释。案头常备，可以帮助读书，节省查找的时间。

四、讲究读书的方法

有了读书的兴趣，还要讲究读书的方法，才能提高读书的效果。怎样讲究读书的方法呢？根据古今中外学者读书的经验，归纳起来，是要解决好读书中的四个关系，即浅与深、博与精、活与死、学与行的关系，每个关系都是对立的统一，它们相互转化，相辅相成。

浅与深，是指所学的知识应该由浅入深，由低到高，由表及里，由此及彼。拿小学到初、高中各个阶段的课程设置来说，虽然都要学习语文、数学、历史、地理等等，但不同年级的深浅程度却不相同，体现了循序渐进、逐步深入的精神。家长指导孩子阅读时也要本着循序渐进的原则，从孩子的实际水平出发，选择相应的书籍，切忌好高骛远。基础知识是各科专业知识的基础，不要因为培养孩子学绘画，学舞蹈，学钢琴，学英语，学计算机，学体操，就把基础知识搁在一边，造成整体营养不良、一肢特壮的畸形。老教育家徐特立告诫我们："学习要抓住基本知识，即不好高骛远，而忽略基本的东西。喜马拉雅山是世界著名的高山，因为它是建立在西藏高原上，是基盘广大的高原上的一个高峰；假如把喜马拉雅山建立在河海平原或江淮平原上，八千尺的孤峰是难于存在的，犹如无源之水是易于枯竭的。"

博与精的关系。青少年读书的面是博还是精？历代学者对此有不同的看法。鲁迅说："爱看书的青年，大可以看本分以外的书，即课外的书。……譬如学理科的，偏看看文学书，学文学的偏看看科学书，看看别个在那里研究的，究竟是怎么一回事。这样子，对于别人，别事，可以有更深的了解。”邓拓也认为：“积累知识，也应该有农民积肥的劲头，捡的范围要宽，不要限制太多，……牛粪、羊粪、人粪都一概捡回来，让它们统统变成有用的肥料，滋养作物的生长。”他们的主张是兼收并蓄，先博大后精深。

清代学者戴震认为：“学贵精不贵博。……知得十件而不到地，不如知得一件却到地也。”北宋文学家苏轼认为：“书富如入海，百货皆有。人之精力，不能兼收尽取，但得其所欲求者尔。故愿学者每次作一意求之。”周恩来谈自己修养心得时说：“加紧学习，抓住中心，宁精勿杂，宁专勿多。”以上两种对博与精的不同看法是根据他们自身的实践经验提出的。各人的情况不同，不宜强求一律。对于青少年，在学好各门功课的基础上，课外阅读书籍的范围不要过窄，根据自己的兴趣爱好选读一些书籍是可以的。

博与精也是一种学习方法。重要的书，可以先浏览而后详读。英国哲学家培根说：“有些书可供一尝，有些书可以吞下，有不多的几部书则应当咀嚼消化。”这就是说，有些书只要读它们一部分就够了；有些书可以全读，但是不必过于细心地读；还有不多的几部书则应当全读，勤读，而且用心地读。另一位哲学家狄慈根也说：“我阅读关于我所不懂的题目之书籍时，所用的方法，是先求得该题目的肤表的见解，先浏览许多页和好多文章，然后才从头重新读起，以求获得精密的知识。我对该题目越熟悉，理解的能力就越增加，读到该书的终末，就懂得它的起首。”以上两人的读书方法是有浏览，有精读，重要的书先浏览全书，然后择书中精要处去详读，即先博后精。

活与死的关系。善于学习的人，着力于领会文章的精神实质，而不采取死记硬背的方法，不死抠字眼，不钻牛角尖。有的人对书本知识生吞活剥，食而不化，只记住书本上的条文，即使是谬误，也奉为金科玉律，不敢越雷池一步。这种情况在少年儿童是常见的，他们不大用头脑去思考，以为只要上了书的就都是对的。在一次对12～13岁少年儿童的问卷调查中，问“你最崇拜的人是谁？”许多少年答成诸葛亮，郑成功，李逵，岳飞，成吉思汗，济公，拿破仑，孙悟空，包公，等等。对这种一味信奉书本的现象，叶圣陶曾提出劝告：“读书忌死读，死读钻牛角，矻矻复孜孜，书我不相属。活读运心智，不为书奴仆，泥沙悉淘汰，所取唯珠玉。”

怎样才能把书读活呢？教育家夸美纽斯说：“不要把许多杂乱的词句塞在脑子里，而是要启发了解事物的能力。”这能力如何培养获得呢？只有多看、多问、多想。陶行知用通俗易懂的比喻教给我们方法，他说：“我有八位好朋友，肯把万事指导我。你若想问真名姓，名字不同都姓何：何事、何故、何人、何如、何时、何地、何去，好像弟弟与哥哥，还有一个西洋派，姓名颠倒叫几何，若向八贤常请教，虽是笨人不会错。”教育家马寅初说得更明确：“对于书本知识，无论古人、今人或某个权威的学说，要深入钻研，过细咀嚼，独立思考，切忌囫囵吞枣，人云亦云，随波逐流，粗枝大叶，浅尝辄止。”独立思考是提高阅读能力的关键。

在读书的方式上，还可以鼓励孩子与同学共同研讨读书心得，也可以让孩子参加读书报告会，听听专家、学者对书籍的介绍与评价，以提高对书籍的鉴赏水平。

学与行的关系。即读书与实践的关系。求知离不开读书，但书本知识都是间接的知识。毛主席说过，“你要有知识，你就得参加变革现实的实践。”因此，学过以后就要实践，要把知和行统一起来。谢觉哉说：“学和行本来是有机联系着的，学了必须要想，想通了就要行，要在行的当中才能看出自己是否真正学到了手。”对于尚在学校读书的孩子来讲，做作业、做实验、写周记，都是一种行的方式，适当参加社会服务也是一种实践。通过实践检验知识的真伪，通过实践加强对书本知识的理解。正如陶行知所说的“行是知之始，知是行之成”。

五、拒绝不良读物的诱惑

青少年通过读书可以增长知识，获得进步。但并非所有的书都是好的，其中也有坏书，如黄色书籍，如果读了这种书，就会受其腐蚀，误入歧途，甚至走上犯罪的道路。家长应该指导孩子选择书籍，严格区别内容健康、对人有益的书和内容不健康、对人有害的书。这种选书标准的掌握极为重要，好比识别食用菌与有毒菌一样，如果我们做菜时误把蘑菇与有毒菌放在一锅里煮，食用以后就会中毒。因为这两种菌外形相似而性质不同，对人体的作用截然相反。不良读物虽然也是书，但它所起的作用相当于杀人不见血的毒药，我们对它的危害不能不防。

什么是不良读物呢？从书刊和音像市场上销售的这类读物来看，它们的内容大致包括以下几个方面：宣扬淫秽、暴力、偷盗、欺骗，以及宣扬封建迷信或宣扬西方腐朽生活的。它们有的是赤裸裸的，容易识别，但更多的是经过乔装打扮，披上了美丽的画皮。例如，宣扬淫秽的，美其名曰“性科学”；宣扬算命卜卦的，美其名曰“星相学”；《详梦大全》谓之“心灵学”；宣扬天人感应，气功成仙的谓之“超人学”；宣扬荒诞不经的鬼怪神魔的谓之“民俗学”；宣扬勾心斗角、尔虞我诈的谓之“处世学”等。这些书籍经过包装以后，堂而皇之地摆在书店和图书馆的书架上，迷惑性更大，我们应该擦亮眼睛，不因为它钻进合法的场所而受其蒙蔽。

还有一些书籍，虽然自我标榜为科学，实际上是伪科学。如法国“预言家”诺查丹玛斯的《诸世纪》，预言 1999 年人类将面临毁灭；美国海尔的《鬼魂现象的实验研究》，声称自己是个通灵人，可以直接与富兰克林、华盛顿、耶稣的灵魂取得联系；美国约翰·富勒的《灵魂大审判》，宣扬人死后灵魂继续存在；美国马歇尔·加德纳的《地球内部旅行记》，鼓吹地球内部是空的，其中有一个发光的星体，地球两极处有开口，每个开口为 1400 英里宽，爱斯基摩人就是从地球内部走出来的。在我国也有宣扬特异功能的书籍，吹嘘能意念致动，千里眼，隔墙观物，皮肤认字等，对于这些书籍，青少年以不涉及为好。至于像“法轮功”一类宣扬邪教的书籍，则不但要坚决拒绝，而且要积极地与之作斗争。

有一些非法的出版物，如德国法西斯的魁首希特勒的《我的奋斗》，还有一些制造谣言，捏造事实，攻击我国社会主义制度的反动书籍，青少年同样应该理直气壮地予以拒绝。

这里着重说一下黄色淫秽读物。淫秽读物，也是国家明令禁止的非法出版物，在我国 1997 年修订的《刑法》中明确规定：“本法所称淫秽物品，是指具体描绘性行为或者露骨宣扬色情的诲淫性的书刊、影片、录像带、录音带、图片及其他淫秽物品。”对于它的危害性，我们决不能低估。前苏联法学家多尔戈娃就说过：“许多少年走上犯罪道路时都提前放弃了学习，他们只看一些报纸上登载的违法犯罪的故事，看美国西部片子和冒险小说，他们参与了社会上充满歪风邪气的小集团，他们的嗜好是闲逛，参加舞会，他们喜欢酗酒，听录音磁带。他们坚持自己的违法立场，拒不对犯罪同伙检举揭发，他们死抱着犯罪团伙的观点不放。”在我国也不例外。某地青少年看了黄色书刊后，思想中毒而走上犯罪道路的人数，约占青少年犯罪总数的三分之一。全国各地也都有中了黄毒而犯罪的实例。黄色书刊的危害性很大，它好比是精神吗啡，腐蚀人的灵魂，使青少年陷入深渊而不能自拔。家长应该重视防微杜渐的工作，特别是要向孩子剖析黄色读物的危害性，增强他们自身的免疫力。如果发现孩子书包中有这类坏书，不要大发雷霆，不要简单粗暴地处理，否则不但不能解决问题，反而容易把孩子逼到更加隐蔽的地步。这时，家长应该耐心细致地做好孩子的思想工作，摸清书的来源，堵塞它的源头。同时积极地给孩子提供优秀读物，让他有书可读。

第八章　练习写作

写作就是通常所说的写文章，是人们运用文字或其他符号，如拼音符号、速记符号，记录人们所要表达的语言，用来交流、传播信息。它是人类文明的产物，社会越繁荣、经济越发达，信息的传递越频繁。随着科学技术的发展，现在写作的媒介物已不限于笔、墨、纸、砚，还可运用计算机进行程序编制。在现代社会里，写作已不仅是记录、交流、传播信息的手段，而成为人类的一种生活方式。写作对大多数人都需要，即使不是作家，只要你工作，书信、公文、计划、工作报告、书面汇报、广告词等都离不开写作。

一、鼓励孩子学写话

幼儿教育的首要任务是学走路，其次是学说话。行走是幼儿能自由活动的开始，说话是思维的形成。幼儿接触外界事物后，在头脑中形成许多概念，概念必须用词来表达。例如，幼儿看到火，红色，很烫，可以烧着东西。它叫什么呢？用一个词就能概括："火。"只要一提到"火"这个词，幼儿就会想起火燃烧时的现象。词是概念的语言形式，概念是思维的基本单位，通过许多概念的有机组合才能进行判断、推理等一系列思维活动，所以说幼儿学习说话，是进行思维活动的开始。

幼儿掌握了语言，才能与家长交流思想。一开始，由于掌握的词汇太少，幼儿往往用重复一个单词来表达他要说的意思，比如要吃饭，他就说“吃、吃”，或者说“饭、饭”，还不会组词，把动词与名词搭配起来使用，说不出完整的句子。这时，家长要及时指导，使幼儿词汇逐渐丰富，并学会组词，说出完整的句子，不准确的要进行纠正。例如，孩子说“妈妈小便”，其实是他自己要小便，需要妈妈给他一只便盂。这种病句，家长应该给孩子及时纠正过来。

说话是写作的基础。培养幼儿正确地使用语言，与家长交流思想，对他以后学习写作大有好处。孩子开始学习写作，只需要求他用已掌握的文字写出自己想说的一句话，将有声的语言转变成无声的文字符号，这就叫写话。这样日积月累，写出的句子越来越多，就会逐渐连缀成篇。经过这种潜移默化的写作过程，孩子就不感到写作有困难，不会把写作看得那么神秘。

写话与作文是有区别的。写话是记录自己的语言，自己怎样说就怎样写。作文则要求作者对生活有一定的感知，而后进行构思，再考虑文字表达的方式，它是一种形象思维和逻辑思维相结合的过程。因此，写话只是写作的初级阶段。

小学低年级教师在指导孩子写话时，往往采取一种诱导的方式，先向孩子们讲明题目的要求，然后启发孩子你说一句，我说一句，然后由教师连贯起来复述一遍，要求孩子把这些话，用笔记下来，成为一篇写话。家长在家里也可参照这个方法对孩子进行启发，可以出个题目，比如“我给花儿去浇水”，让孩子讲述自己是怎样给花儿浇水的，而后把刚才的话记下来。

家长可以鼓励孩子写日记。孩子的感知是从自己接触的事物获得的，写日记可以将感受的事用文字记录下来。开始写日记，可能感到无事可记，写了个“今天天晴”，就没有什么可写了。这时，家长不要嫌他写得简单，只要能坚持下去，日记的内容会逐渐丰富起来，因为孩子生活的本身是丰富多彩的，写日记是在写话的基础上进行的，何况日记的形式又很自由。作家王统照说：“最好能每天写日记，这等于每天逼自己交出一篇文章来。写日记既可以记事，又能抒情，还可以发议论，这无异为自己写散文和论文打下基础，也为写小说做好准备。”孩子从小养成写日记的习惯，以后他的写作水平会与日俱增。

二、动员孩子写作

孩子的思维具有形象、具体、幻想、夸张的特征。只要将它表现出来，就是诗，就是童话。小学生郁雨介绍自己的写作体会时说：“我的想像如一匹小马驹，自由奔驰，没有束缚。我不知不觉进入想像的时候，一切都有了生命，它们能哭能笑，富有感情，把它们组合起来，就变成一首首诗和一个个故事，像小河般哗哗地流淌出来。”他的话说明，每个孩子都有文艺的潜能，都可以写出极富想像力的文章。

除了学校的作文教学外，家长也可以动员自己的孩子搞一点课外写作。课外写作与学校的作文教学有联系也有区别。作文教学是按照《小学语文教学大纲》，结合语文教材进行系统的、有计划的、分阶段的作文训练。作文的体裁分记叙、说明、论说、应用等类，属于命题作文，必须写成散文形式，不允许写成诗歌。作文教学是奠定小学生的语文基础，为以后升入高一级学校，接受更高层次的教学创造条件，它有利于孩子系统掌握写作的方法，提高写作的技巧。而孩子的课外写作，是在家长的启发诱导下，抓住好的题材随机进行的，不拟定题目，不限制体裁，不规定长短，不评卷打分，任凭孩子自由地写，有利于孩子充分施展自己的想像才能。

例如小学生刘梦琳写了给奶奶送阳光这首诗："奶奶的腿不好，/不能出门晒太阳。//有一天我去玩，/金色的阳光洒满天地间。/我赶紧兜起裙子，/把阳光兜在里面。//"奶奶，我给您送阳光来了！"/我高兴地喊叫着，/跑到奶奶身边，/轻轻地展开裙子，/可是阳光不见了……//奶奶抚摸着我的头，/"小宝贝，我晒到阳光了——/你不就是我家的/一颗小太阳吗？……"

孩子们的诗是怎样产生的？小诗人邱笛说："我的诗产生并不神秘，在我玩耍时以及生活与学习活动中，诗常常自然而然地从我的观察中来临。"有的家长不懂得想像和现实的区别，往往把孩子的诗看成异想天开，胡言乱语，随便加以否定，使孩子的诗才夭折在萌芽中。有些家长则对孩子写诗给予了应有的支持和辅导。有位家长深有体会地说："儿童是天生的诗人，因为他们纯真，头脑中没有任何框框。为什么许多孩子写不出诗来，这不怪孩子，要怪大人。大人对孩子限制太多，自觉与不自觉中把孩子扭曲了，孩子的丰富想像、个性发展，心灵深处纯洁真实的东西，往往被埋没了。"

小诗人郁奉出版了三本诗集，是和他的母亲支持分不开的。他的母亲介绍经验说："我发现孩子身上具有写诗的素质，只须稍稍引导，让他把自己说的话记下来，就是一首首富有特色的诗。我作为母亲需要做的事，就是提醒他，监护他，不让他闪光的思维稍纵即逝。我在任何时候都愿意听他讲述自己的感受，在他诗兴大发时，我还替他记录下脱口而出的诗句。”

培养孩子写作，首先要培养孩子的兴趣，因为兴趣是能量的催化剂，它能将内心储存的能量激发出来，用十足的劲头去干愿意做的事。怎样调动孩子的写作兴趣呢？必须引导孩子读书，可以给孩子朗读儿童诗，描写景物的诗，抒发感情的诗，让孩子平时注意收听广播电台的诗朗诵。还可以给孩子朗读童话，例如读《格林童话》中的“白雪公主”，也可以读《木偶奇遇记》。这些童话往往能打开孩子的心扉，启发孩子写出自己创作的童话。例如小学生王丹写出了《小猴挖井》这篇童话：

“森林里住着一只小猴和一只小熊。一天小猴子去挖井，挖着挖着，小猴子没耐心的毛病犯了，‘怎么还不出水呢？还是换一处挖吧！’于是它又开始挖第二口井。没等第二口井出水，小猴子又不耐烦了，开始去挖第三口井………一天下来，小猴子共挖了三口井，却一滴水也没见到，反而腰酸背痛，累得伸不直腰。第二天，小熊在小猴子挖过的三口井中各挖了几锹，清甜可口的泉水便冒了出来。小猴子看了后，羞愧地低下了头。”

这篇童话内容并不复杂，却表现了儿童纯真的感情和丰富的想像力。这正如教育家苏霍姆林斯基所说的：“当孩子为形象所感染时，就会发生奇妙的现象，过去听到过或想到过的词语，好似在意识深处苏醒过来，闪烁着鲜亮的光彩，充满了原野和草地的芳香气息——于是孩子就创作，塑造出具有诗情画意的形象。”

三、如何保持写作的激情

孩子的写作兴趣调动起来，只能对孩子的写作起动力作用和定向作用，不能代替写作。写作是项智力活动，它必须依靠孩子的观察力、记忆力、思维力、想像力和操作能力，综合起来形成合力，才能发挥出写作的才能。

观察力是智力结构的接受器，它的作用是接受外部世界的信息；记忆力是智力结构的储存器，可以保存信息，检索信息；思维力是智力结构的加工器，对各种信息进行加工；想像力是智力结构的翅膀，使各种信息更富有活力；操作能力是智力结构的转换器，将智力转化为物质力量的凭借。在智力结构中，各种力是互相依存、互相作用、互相制约、互相影响的有机整体，当智力结构中各种基本因素都激活以后，智力结构的整体也就处于最优化的兴奋状态，能将认识转化为实践。

家长应该指导孩子观察。观察可以随时随地进行，也可以专题进行。观察的对象可分：人物类，人的外貌、衣着、语言、行为等；环境类，城镇街道、文物古迹、家庭陈设、风土人情、文明习俗等；自然类，阴晴风雨、日月星辰、山岳湖海、花草林木、五谷蔬菜、鸟兽虫鱼等。观察的方法，可以定向观察，事先选好观察的对象，有目的、有计划地进行；可以按照顺序挨次观察，通过比较进行观察；也可以多角度观察，居高临下进行鸟瞰；还可以移动观察，从前后左右进行观察。

观察的印象必须经过大脑的思维，加工整理成为有序的、完整的表象，然后进行联想或想像。联想是依据事物之间的客观联系，从这一事物想到另一事物的思维能力，它是一种简单的初级形态的想像力，比如从弓想到箭，从美想到丑，从教师想到园丁、红烛、春蚕。这种联想是写作的基础。为什么有的孩子感到无话可写呢？这是由于他的联想能力差，大脑中诸多表象各个孤立存在，缺乏内在联系。好的文章往往拥有丰富的联想，如茅盾的《白杨礼赞》，从白杨联想到坚持敌后斗争的北方农民。袁鹰的《井冈翠竹》，从井冈山的毛竹联想到红军，联想到社会主义建设者。魏巍的《谁是最可爱的人》中，从志愿军在前线就着雪吃炒面，联想到工人走向工厂，农民走向田野，学生走向学校，干部开始工作，恋人悠闲散步，许多互不关联的事通过联想串到了一起。小诗人阎妮从星想到眼睛，再从眼睛联想到星，她写了这样一首诗："晚上我梦见，/两颗星落进我的眼眶，/变成我明亮的眼睛。/于是，我一咕噜爬起来，/数数天上是不是少了两颗星。"

想像力的训练是提高写作水平的关键，它是在已知事实或已有观念的基础上，创造出新形象的能力训练。它可以在联想的基础上进行想像，例如，有个孩子看到天空飞过一架飞机，就想到大鸟，从大鸟就想到自己。他想，如果我长出一对翅膀，就可以自由自在地在天空飞翔。孩子的想像力带有夸张、幻想、奇异的特点，虽然不符合生活的逻辑，但出诸孩子之口，就会富有童趣。如小诗人金今9岁时写出的诗："我的心灵世界，/能把大大的蓝天和整个城市，/毫不费力地装到一个小篮子里。"小学三年级学生朱美德的诗："小水滴是个钢琴家，/滴答滴答像姊姊弹钢琴，/清脆好听。//微笑的太阳，/刚从云里出来，/小水滴变成了水蒸汽，/飘到白云妹妹的身旁，/变成了大棉花，/玩够了，/又回到家里来。”

家长可以鼓励孩子阅读童话书籍，学习童话写作的方法，进行模仿和创作。童话与诗不同，有一定的故事情节，情节往往充满幻想。童话中要有人物，童话中的人物大多是拟人化的，如小兔、小羊、小猴之类，故事中的人物本领很大，可以上天，可以入地。童话应符合儿童的心理特点，用儿童的目光去审视周围的世界。例如小学四年级学生郁雨写的童话《天上掉下的冰淇淋》：

“蚂蚁女王莎莎命令取一点冰淇淋让她品尝，她惊喜得大叫起来：‘呀！又凉又甜，真好吃！’说完就下命令马上举办冰淇淋舞会。把巡逻兵失踪的事忘到九霄云外去了。

她摇摇触须，王国里所有的蚂蚁都黑压压地来到洞口，老博士把万能检验机变成音箱，播放起音乐，舞会就开始了。每一只蚂蚁都用两根触须粘起两小团冰淇淋，踏踏地跳几步，转个圈儿，把其中的一团送到旁边的伙伴口中，再把另一团放进自己的口中。他们这样围着冰淇淋边舞边转动，仿佛一只小小的旋转的花环。蚂蚁世界一片欢乐景象，惹得邻国的小青虫羡慕极了。……”

这种内容新颖，用孩子语言叙述的童话，使人感到亲切可信，仿佛那些小蚂蚁真的在你面前舞蹈。这些作品不受概念式条文的束缚。孩子们只要打开思想的闸门，让头脑中美妙的幻想喷薄而出，形之于笔端，也就成为童话。

四、多写、多改、多发表

指导写作，要鼓励孩子多写。俗话说，熟能生巧。写作的能力只有在写作的实践中才能提高。写作的知识学得再多，如果不去实践，是不能转化为写作能力的。这正如学游泳一样，死记硬背游泳的动作要领，却不下水，就永远也学不会游泳。

写作是一种“知”、“能”转化的过程，有它自身的规律。学习写作要遵守些什么规律呢？

1. 先少后多。“少”就是篇幅短，文字数量少。这一来和孩子的年龄有关，二来也有利于孩子仔细地观察一物、一事、一人、一时。观察的对象少，注意力更集中，效果也会更好些。“贪多嚼不烂”，拔苗助长是不行的。一定要量力而行，尤其是开始学写作，写一句是一句，写一篇是一篇。这样由少到多，由短到长，才符合写作规律。

2. 先放后收。“放”就是让孩子放开手脚，放心大胆去写，怎样想就怎样写，不要有什么清规戒律，只有这样才能写出表现儿童心灵的作品。“收”就是修改，正如生产一件工艺品一样，先要有毛坯，然后才能精加工。《文章轨范》中说：“凡学文，初要胆大，终要小心——由粗入细，由俗入雅，由繁入简，由豪荡入纯粹。”家长要在修改上多下功夫，修改的过程也是写作水平提高的过程。

3. 逐步递进。写作水平的提高是个逐步提高的过程，不要急于求成，从小诗人发展成为现代作家，决不是一蹴而就的事。诗人郭沫若 5 岁就读《三字经》、《唐诗正义》，到 25 岁才进入诗的觉醒期，开始发表大量的诗。家长鼓励孩子写作时，不要希望孩子一举成名。“水到渠成”，“瓜熟蒂落，”当你的孩子写作经验丰富以后，他自然会显示出自己的才华。当然，这是顺其自然，而不是听其自流。“逆水行舟，不进则退。”

家长有责任督促孩子日积月累，坚持不懈，做到不断地有所发现，有所突破，有所前进。

至于作品的内容，应该要求它符合“真、善、美”。“真”就是指作品反映的人和事应以真实的社会生活为基础，不是凭空捏造的。有人写了这样的诗：“苍蝇的灵魂在墨水瓶里哭泣/太阳的头发乱成一团，/月亮偷走了我的铅笔。”这样的诗不仅文理不通，而且内容也太离谱，生活中没有的事不能胡编乱造。有的孩子会说，《西游记》中的孙悟空不是虚构的吗？孙悟空是个艺术形象，它是在生活真实性的基础上，通过集中、概括、提炼、改造、升华而创造出来的典型。孙悟空的一言一行都表现了一个敢于与邪恶势力斗争者的形象，不论他怎样七十二变，变来变去都脱不了人间烟火味，它是源于生活真实又高于生活真实的典型创造，是更深刻地反映了生活的真实。儿童作品中的拟人化手法就是以人为对象进行模拟的，所以它也是植根于生活的真实。

“善”就是写出的作品对人有益处，没有坏处。从大处讲，要对社会有益，对国家有益；从小处讲，不论自己看了或别人看了，都会受鼓舞、被感动。社会上有一些毒害儿童心灵的东西，如黄色录像、赌博游戏机等，它会腐蚀孩子幼小的心灵，把孩子引向邪路。孩子受其毒害，会写出思想内容不健康的东西。这就违背了“善”的要求。一定要在生活中和写作中坚决抵制“黄”、“黑”、“毒”一类货色，使天真无邪的孩子始终保持善良的童心。

“美”就是写出的作品能给人以美的享受，而不是干巴巴枯燥无味的东西，更不是令人憎恶的东西。《随园诗话》中记载了一首《盘豆驿》的诗：“丛山如破衣，人似虱缘缝。盘旋一线中，欲速不得纵。”这首诗把“丛山”比作破衣服，把游人比作衣缝里爬的虱子，游人挤在一条狭窄的山道上，像虱子在衣缝里爬行一样，想快也快不起来。这种鄙视山川、鄙视人类的作品让人读了以后感到恶心，这就谈不上美。再看一个中学生谢恒翀写的一篇文章，题目是《秋色》。

“秋是什么颜色的？谷子说：‘秋是黄色的，我就是秋风吹黄的。’高粱说：‘秋是红色的，我就是秋气染红的。’棉花说：‘秋是白色的，不然，我哪里会有这银装素裹呢？’墨菊说：‘秋是黑色的，我开放的花朵就是证明。’松柏说：‘秋和夏没有什么区别，都像我一样青翠。’

秋天听了摇摇头说：‘不，不，我是五彩缤纷的。我拥有红的热烈，黄的恬静；亦有白的飘逸，黑的稳重；那清新的翠色和浩瀚的蔚蓝亦是我生命的一部分——我几乎包蕴了大自然所有的色彩。所以我说你们都曲解了我的底蕴，如果我仅仅属于一种颜色，那该会是何等的单调啊！’”

在这篇散文里，作者用拟人化的手法，赋予谷子、高粱、棉花、墨菊、松柏、秋天以生命，他们的对话将人们的思想引入那五彩缤纷的秋的世界。这才是领会了美的真谛，给人以美的享受。人们读了这篇散文，不会认为它违背艺术的真实。

多写就要多改。写出初稿后，要加工、润色、美化处理。有人说十分文章七分改，好文章都是改出来的。唐朝诗人白居易的诗稿手迹，涂改处甚多，有的终篇不留一字。曹雪芹写《红楼梦》，“披阅十载，增删五次”。孩子的作品怎样改？一般是将自己的草稿反复看几遍，在阅读中发现毛病就及时改，一遍不行可以两至三遍。郭沫若说：“自己写出的东西要读得上口，多读几遍，多改几遍，先朗诵给自己亲近的人听，不要急于发表。”有时，自己的作品自己改不动，这就有必要征求家长、老师的意见，征求同伴的意见。旁观者清，往往能提出很好的修改意见。也可以将草稿搁在一边，放一段时间后再拿出来阅读修改。因为稿子刚写完，头脑处于兴奋状态，放一段时间后，头脑冷静了，容易发现稿子中的毛病。家长要积极引导，但不能越俎代庖，把改稿的工作包下来，最好是启发孩子自己动手。

改什么呢？应该先考虑作品的全局：主题是否正确？情节是否合理？结构是否得当？如果全局存在问题，应该先修改。这如同盖房子，房架搭歪了，就要先纠偏，然后才考虑具体的文字修改。一篇内容有错误的文章，词句写得再优美也不是好的作品。

改完的稿子要争取多发表，放到公开场合中去检验，看群众是否欢迎，能否产生好的影响。发表的形式是多样的，可以朗读给父母听，可以向同学朗读，利用少先队活动、班级活动朗读，也可以寄给少年儿童的报刊。家长应该给孩子提供报刊的名称和地址，帮助孩子投寄。同时告诉孩子以平常的心态去投稿，发表了不要过分高兴，没发表也不要沮丧，因为投稿的出发点是检验自己，锻炼自己，不是为发表而发表。如果稿子发表了，家长要孩子准备一个本子，将发表的文章剪下来贴上。也有的家长为孩子出诗集，那是家长和出版社的事，已不在孩子考虑的范围之内了。

第九章　科学启蒙

历史的长河中闪耀着无数颗人类的巨星，它们光照全球，彪炳千秋。其中就有科学家的巨星，他们是探索自然，了解宇宙，发明创造，改革创新的杰出代表。他们也是从普普通通的孩子一步一个脚印走过来的，他们比别人更突出的地方是他们有锲而不舍的钻研精神，他们揭开了物质世界中人类尚未了解的一个个秘密。

对于每个成长中的孩子来讲，都是会有机遇的，关键是孩子自身的素质。及时对孩子进行科学启蒙教育，为孩子今后的发展打下坚实的基础，是十分必要的。

一、探索科学奥秘

好奇是孩子的天性，他们的头脑中装着各式各样的“为什么”，例如“天空为什么是蓝色的？”“白云为什么不掉下来？”“萤火虫的尾巴为什么会发光？”“妈妈为什么不长胡子？”……总之，孩子样样都想了解。有的家长能够耐心解答孩子的问题，也有的家长不耐烦，厉声呵斥，把孩子最可宝贵的一点好奇心给吓跑了。

同样是普普通通的孩子，为什么有的人后来成为科学家？让我们看看他们童年时代走过的足迹吧！

我国桥梁学专家茅以升 10 岁时，家里人在元宵佳节买了一盏走马灯，灯里点上蜡烛后，灯里的圆盘就自动旋转，圆盘四周有人物的刻纸随着圆盘转动，人物的影子映在灯的纸壁上，像皮影戏一样，也在不停地奔跑。走马灯深深地吸引了茅以升，他不仅欣赏那活动的画面，还在思考这圆盘怎么会转的。经过认真地观察，他发现是蜡烛点着后，把空气烘热了，上升的热空气使圆盘转动。蜡烛刚点时圆盘转得快，蜡烛快熄灭时圆盘转动慢。于是他就在灯内点了两支蜡烛，圆盘转动得更快，人物影像也跑得更快。从这件事情中，茅以升觉得世上值得探索的东西很多，只要不断探索就可以获得知识。

英国物理学家瑞利，从小就有很强的观察力。一天，家里来了客人，母亲用盘子端了茶碗给客人上茶，由于她年老，端盘子的手颤抖起来，茶碗在盘子里一滑动，茶碗里的茶也泼洒出来。瑞利望着母亲的一举一动，忽然发现热茶泼出来以后，茶碗在盘子里像被吸住一样，不再滑动了，他感到其中必有缘故。等客人走后，他就用玻璃瓶代替茶碗，放在玻璃板上进行实验。当玻璃板倾斜时，玻璃瓶开始滑动。后来他在玻璃板上洒些水，再倾斜玻璃板时，玻璃瓶果然不再滑动。他反复实验后，发现茶碗、玻璃瓶、盘子、玻璃板的表面有一些眼睛看不见的“油腻”，由于有“油腻”，物体就容易滑动；洒了水以后，“油腻”被溶解了，所以物体就不再滑动。成年后，瑞利终于研究了油脂在固体摩擦中的润滑作用，发现了摩擦力的原理，发明了润滑油。

从以上所举的例子来看，他们的共同特点是：（一）对身边的事物有强烈的好奇心。（二）有敏锐的观察力。（三）对观察的结果能认真分析、研究，得出明确的认识。如果要想使自己的孩子在科学上有所成就，应该从小培养孩子探索科学奥秘的兴趣，这是进入科学殿堂的第一步。

为了让孩子热爱科学，就必须接触丰富多彩的自然环境。见多才能识广，闭目塞听的人必然孤陋寡闻。大自然是永远读不完的活教材，在那里可以获得真知灼见。

家长可以在家庭里布置一个环境，经常变换各种花、草、虫、鱼，使孩子有新鲜的感觉。家长可以启发孩子去观察，向孩子问几个为什么，让孩子去思考。家长可以启发孩子亲自动手做实验。只有通过自己的实验才能发现物体的性质和变化的规律。

家长应该培养孩子的逻辑思维能力，使孩子对周围的事物能作出正确的判断。但是孩子由于缺乏足够的生活经验，往往以自我为中心，以自己的感觉来认识世界，有的孩子就错误地认为："太阳与月亮轮流从东方升起，从西方落下，它们为了照亮地球，不停地绕着地球转。"这是第一个误区。

孩子思维的第二个误区是把事物间偶然的联系作为推理的依据。例如，孩子听老人说，"蚱蜢扑着脸，下雨不会远"，就把蚱蜢和下雨这两件事机械地联系到一起，一发现有几只蚱蜢，就误以为要下雨了，赶紧往家里跑，可是一滴雨也未下，因为几只蚱蜢并非下雨的征兆。偶然的因素不是必然的联系，不能作为推理的依据。

孩子思维的第三个误区是用生活的逻辑、游戏的逻辑来代替客观事物的逻辑，把自己对待生活的态度当作推理的依据。例如，孩子看到许多在花间飞舞的蝴蝶，觉得蝴蝶都很美丽、可爱，后来又在树枝上发现几条大毛虫，觉得形貌非常丑陋。大人告诉他这些毛虫就是蝴蝶的幼虫，经过蜕变成为蝴蝶，可是孩子从感情上就不愿意把这两者联系起来。问他为什么，他说丑陋的东西不会变成美丽的东西。

孩子思维的第四个误区是相信故事与传说中的人与事都是真的，从而得出错误的结论。例如，有的孩子听到嫦娥奔月的传说，就认为月亮像只透明的玻璃球，嫦娥就住在里面，抬头看月亮也好像见到了嫦娥的影子。他不相信月球是个没有生命的星球。

对于孩子这些不符合客观实际的思维方式，家长必须及早指出，讲清道理，让孩子自己改正过来。要想获得正确的知识，只有让孩子亲自参加实践，在实践中逐步养成逻辑思维的能力。这种能力，正是打开科学奥秘的钥匙。

二、利用身边科学素材

什么是科学?《达尔文的生活信件》中指出:“科学就是整理事实，以便从中得出普遍的规律或结论。”达尔文本人就是通过网罗事实和发现规律取得科学成就的。对于发现自然界未知事实的人，人们称他们为科学家，如法国居里夫人发现镭、钋等放射性元素，俄国化学家门捷列夫发现化学元素周期律，德国物理学家伦琴发现X射线。人要想成为科学家，必须深入到自然界去探索奥秘。

对于一个有好奇心的孩子，要引导他从认识身边的事物开始。科学并不神秘，人们的身边就有很多的科学素材。前苏联科普作家伊林写了许多科普书籍，如《征服自然》、《自动工厂》、《原子世界旅行记》、《人怎样变成巨人?》等，他献给青少年的第一本书就是《十万个为什么》，作者引导读者在室内旅行，第一站是自来水龙头，挨次到火炉、食橱、锅架、碗橱、衣柜等，对人们生活中遇到的水、火、刀、叉、碗、罐等常见的物体或现象进行研究，几乎处处都有科学素材。作者在书的开头就向读者指出："我们往往喜欢知道那遥远的、未曾探察过的地方，却忽略了近在咫尺之内有一个奇异的、未曾探察过的神秘的地方，它的名字叫'我们的房子'，我们要是想去探察这地方，随时都可以出发前往，不需要地图，也不会有迷路的危险。"接着，他又提出了许多有趣的问题："一、你能用空气造墙壁吗？二、火能投射出影子吗？三、为什么水不能燃烧呢？四、你能用水炸毁房屋吗？五、有像铁般坚固的透明东西吗？"如果你要解决这些问题，你就要把这部书读下去。

有些东西是我们天天见到的，可是我们对它并不真正了解。家长应告诉孩子，不要小觑这些常见的东西，其中就有还未被人发现的秘密。例如，法国的物理学家帕斯尔，11岁时有一天，忽然听到了"叮叮当当"的声音，他循声找到厨房，原来是厨师用刀叉敲打金属盘子。他想：这声音是刀叉发出的，还是盘子发出的呢？为什么刀叉不继续敲时还有声音发出来呢？他就亲自试一试，发现声音主要是盘子发出来的，当盘子不停地振动时就有声音发出来，以后刀叉虽然停止敲打，而盘子仍然振动不止，所以就继续有声音发出，只有当盘子不振动时，声音才会停止。他从中得出这样的认识：物体振动能发出声音。这个例子告诉我们，科学素材就在身边，问题是你能不能抓得住。

孩子对事物的观察不仔细、不持久，满足于一知半解，这个弱点不要让它养成习惯。其实科学家的有些发现就是坚持不懈地观察的结果。法国的昆虫学家法布尔自幼喜爱昆虫，他对各种昆虫认认真真地观察了50年，后来写成了十大卷《昆虫记》，记载了蚊、蝇、甲壳虫、毛虫、蜘蛛之类昆虫的生态，现在节选书中的一段，可以看出他的观察力。

“人生来就有用右手的习惯,其他动物是不是也有这种右手性、左手性或中性的分别呢？我们知道蟋蟀、蝗虫以及其他许多动物都用右翼下面的弓来摩擦左翼下面的发音器而发出声来，它们都是右手性的。差不多所有的软体动物，它们螺旋形的壳,总是从左向右转,在无数水生或陆生动物中,只有极少数是从右向左转的。在动物界所有两边对称的动物中,有多少是右手性的？有多少是左手性的？是不是还有中性的呢？有，蜘蛛就是一个，它左右并重。当它织网时，有时向左转，有时向右转，用它靠近中心的腿，有时用右腿，有时用左腿,把它的丝搁到适当的地方,使丝保持适当的距离。只要你看到它的动作，就会相信蜘蛛真是一个左右并重的动物。”蜘蛛是极其普通的昆虫，你的孩子能这样认真、仔细地观察吗？他观察后发现了什么？

如果对事物只观察，不分析，不思考，就不能发现事物的本质及其变化规律。同样一件物体，如果让善于思考与不善于思考的两个人观察就会得出不同的认识结果。前苏联科普作家别莱利曼在他的著作《趣味物理学》中举过这样一个例子：

“如果你站在火车站的站台上，有一列快车从站台旁开过，这时你要跳上车，当然是不容易的。如果你脚下的站台也在移动，移动的速度和方向与火车相同，这时候你要跨上火车还有困难吗？一点困难也没有了，就像走上一辆停着的火车一样平稳，只要你和火车是在同一个方向用同样的速度前进，那么对你来说，火车等于是完全不动的。这如同我们随着地球自转，又绕着太阳公转，可是我们并没有被从地球上甩到太空，我们一点儿也没有感到地球在运动一样。所以我们完全可以建造出这样的火车站，使火车经过它的时候不停下来，仍旧照原来的速度开，而旅客们还是可以上车下车。”

作者仅仅看到一列行驶着的火车，就能作出有分析、有理论依据的假想，这种假想，到今日已成为事实。从地球上发射的载人宇宙飞船，到太空后与绕地球运转的“和平号”空间站对接，由于飞船与空间站的运动方向、运动速度相同，所以宇航员可以很安全地从宇宙飞船进入空间站。

科学素材是未经过加工整理的原始材料，当它的价值未被人发现以前，往往被人视为废物，不屑一顾，可是经过人们研究，发现其价值后，它就可以成为宝物。家长应该告诉孩子，不要轻视各种原始的科学素材。就拿人们常见的石头来说吧，其实石头里面就大有文章，我国的古人类学家贾兰坡，就是从石头中发现了古代生物的化石。他介绍寻找类人猿化石的经验时说：“我们每到一个城镇，有药铺的地方都去访问一下，看他们有没有一味叫‘龙骨’的药材，药铺里是把它打碎了卖的，其实这是两种化石，一种是类人猿的骨骼化石叫‘龙骨’，类人猿的牙齿化石叫‘龙齿’，访问药铺的目的是为了寻找化石的产地。”当你的孩子玩弄石块的时候，你可以教他仔细观察一下，如果是灰岩、石灰岩、页岩，就有隐藏化石的可能性，虽然不是龙骨、龙齿，也许有其他古生物化石，如珊瑚虫、纺锤虫、三叶虫、海百合、笔石、石燕等，它们是古生物的遗骸，被沉积在地层中。虽然你的孩子现有的知识水平还无法理解它，但也许能引起你孩子的兴趣，成为他以后研究的专题。

有些石头不是沉积岩，而是熔岩，它们也是丰富多彩的。

它们中有飘在水面上的浮石，有翠绿色的孔雀石，有闪耀着金光的硫铁石，有一片片叠合在一起呈现出金色、绿色、无色的云母石，有纤维状的石棉石，有许多正方体组合在一起的自然铜。家长应该给孩子准备一只盒子，让孩子作收藏用。家长不能把它当作垃圾，将它抛掉，因为它就是原始的科学素材，正等待你的孩子与它接触。我们只有充分利用这些身边的科学素材，才能将你的孩子一步步引进科学的大门。

三、动手、动脑勤研究

当你的孩子进入学前班时，你会带着孩子到广场去放风筝，风筝为什么会飞上天？这时孩子还不会问。当你的孩子进入小学三四年级时，他开始对航空模型发生兴趣。为了使航模在空中平稳地滑翔，他在制作航模时，要研究机身各部分的受力情况，要保持机翼的平衡，尾翼的垂直，于是通过动手、动脑，他获得了有关力学的知识。当你的孩子进入中学后，他已不满足于初级航模，开始制作无线电遥控航模，这就要阅读参考书籍，自己设计制作。孩子只有亲自动手才会遇到难题，只有通过自己的思考才能解决难题，这就是孩子的科学研究。

有的家长不愿意让孩子自己动手。比如孩子找到三条玻璃片，要做万花筒，家长怕玻璃划破孩子的手，就答应买一架现成的万花筒，这就把孩子的研究兴趣冲淡了。只有自己动手制作万花筒，孩子才会知道万花筒的内部结构，了解玻璃相互反射成像的原理。

美国的物理学家富兰克林，童年时做过一个极为简易的实验。他从裁缝师傅那里要来各种颜色的布条，有黑色、蓝色、绿色，紫色、红色、白色的，在一个有太阳的早晨，他将这些布条分开来放到积雪上，几小时后，受热最多的黑布陷进雪里，其他颜色的布条也深浅不同地陷下去，只有白色的布条几乎原处未动。富兰克林从这个实验结果联想到人们的穿着，他认为：在夏天，人们应该戴白色的帽子，在冬天应该穿深色的外衣。

富兰克林的发现对后人有很大的启示。1903 年有一艘“高斯号”的轮船到南极去探险，船被冻结在浮冰中，船员用炸药炸，锯子锯，只打开了几百米长的缝，船仍然无法动弹。后来，船员们想了个办法，把煤屑铺到冰面上，10 米宽，2000 米长，太阳照在煤屑上，黑色的煤屑带裂成一条巨缝，轮船终于脱离了冰块的包围。从这个例子可以看出，即使是很普通的实验，它也能揭示出物体变化的规律。

孩子饲养小动物也是一种实验，可以饲养鸡、鸭、鸽子、鸟雀，或者猫、狗、兔，或者金鱼、热带鱼，或者家蚕等。生物体有自身的生长、发育规律，违背规律，它就会生病或死亡。孩子饲养这些动物，就会十分关心动物的饥饱、冷热，像父母呵护子女一样，把他饲养的动物时刻牵挂在心上。他还会自觉自愿地去学习饲养方法，这些知识不是课本上可以学到的。鲁迅在《故乡》中所写的童年闰土，一个字不识，但在生活中却学到了许多实际知识，他能够知道稻鸡、角鸡、鹁鸪、蓝背等，知道稀奇古怪的贝壳，如鬼见怕、观音手等，知道瓜地里会有獾猪、刺猬、猹等，还懂得海滩上有一种两只脚的跳鱼。他的这些知识都是熟读经书的迅哥儿所不知道的。从实践中获得的知识比课本上的知识更直接，更具体，所以说，“实践出真知”。

孩子栽种花草也是一种科学实验。通过栽种花草、树木，他才能知道各种植物都有自己的生长规律，知道植物生长需要土、肥、水、阳光，了解花草的根茎、叶、花、果等的基本知识。孩子只有自己去种，才能萌发研究的兴趣。

家长也可以带领孩子到农村田地里去看看，认识各种庄稼。城市里的孩子从课本上学习农业知识，稻麦不分，不知道稻麦是怎样生长的，不知道稻穗与麦穗有何不同；南方的孩子没有见过高粱和黍子，不知道它也是粮食；更多的孩子没有见过荞麦，不知道荞麦的果实是三角形的瘦果，不知道荞麦也是粮食。让孩子直接看到这些农作物，比起课本上学的知识来，能更形象化地印在孩子脑海中。

如果你的孩子读到童年爱迪生做化学实验的故事后，也想动手进行化学实验，家长应该给予支持，让孩子做些不用化学设备，在家庭中就可进行的实验。例如，要让孩子认识家庭中的酸、碱、盐类，可以准备一些石蕊试纸，让孩子用试纸去沾一点醋，试纸立即变成红色；与碱的水溶液接触后，变成青色；遇到食盐或明矾的水溶液，试纸不变色。掌握酸、碱、盐的辨别方法后，就可以将花瓣捣烂，加点水，用石蕊试纸去试一下，看看花瓣是酸性的还是碱性的。也可以用草木灰、土壤做试验，检验它是酸性还是碱性。

家长还可以教孩子掌握物质分离的基本方法，将粗制食盐放入玻璃瓶中，加水后用筷子搅动，使它溶解，把瓶内上部的清水倒入陶瓷锅中，放在炉火上加热，水就逐渐蒸发，当水蒸发干后，锅底上留下一层白色的粉末，就是精制的食盐。

孩子对化学药品有神秘感。什么是化学药品？家长可以让孩子通过拆废电池来认识它。干电池的外壳是锌皮，锌皮内层是白色的糊状物——氯化铵，再向内是黑色的粉末——二氧化锰，中心是一根石墨制成的炭精棒，棒顶上是铜套。孩子自己动手分解后，就知道将这五种化学物质装配在一起就可以产生直流电。这样，也就消除了孩子对化学药品的神秘感。

孩子多动手就必然多动脑，动脑才能出智慧。东北曾经有过一个8岁的小发明家叫孟扬，她发现用图钉去钉画很费劲，就想用其他代替品，她动起脑筋来，终于想出用不干胶代替图钉，称为“软图钉”，获得国家专利。后来，她又搞出了“可换衬板式多用练字板”等多项发明。她成功的经验就是多动手，多动脑，勤研究。但是，也要提醒家长注意，不可让你的孩子因钻进发明创造而放弃基础知识的学习。上海《文汇报》发表过《一个获国际奖的学生何以会退学?》的报道。小学生茅嘉凌发明了灵巧的“穿绳器”，获得了国际奖。后来他一心一意要搞发明，便放弃了各科的学习，结果到中学阶段因考试成绩太差而退学了。这是舍本逐末的结果。根不深长不成大树，基础不牢建不起高楼，没有必要的基础知识，不全面提高孩子的素质，搞科学研究就只能是一种空想。

四、数学启蒙教育

数学是适应生产需要而诞生的。社会发展到今天，数学的应用已深入到自然科学和技术科学的各个领域。宇宙之大，粒子之微，都离不开数学。随着计算机的应用，数学的作用显得更加突出。对孩子进行数学启蒙教育，培养孩子的数学思维，是提高孩子文化素质必不可少的重要内容。

幼儿只会形象思维，对数的概念比较模糊。幼教工作者曾对儿童进行过测试，他在桌上放了三只苹果、五本书、四支铅笔、三个小皮球、一个书包，对几个6岁以下的孩子说："请你们把桌上的东西看清楚，把你们看到的情况告诉我，要求说得仔细。"几个孩子纷纷说出物体的名称、用途，但是没有一个说出物体的外形、数量。教师启发后，有的孩子才说出每种物体的数量，但是仍然不能说出物体的外形和摆放的位置。这表明幼儿不能用抽象思维来认识物体的特性。

幼儿对空间的大小，物体在空间的位置，对前、后、左、右、上、下的方位是很模糊的，对看不见、摸不着、无法通过形体辨认的时间，就更搞不懂了，所以有些孩子怕学数学，容易产生畏难情绪。家长应该正确加以引导，最好的办法是把抽象枯燥的数学学习与丰富生动的日常生活结合起来。任何物体都有质有量，日常生活中蕴藏了大量的数学概念。例如，家长买回一篮菜，可以要求孩子把篮子里的菜分类摆开，然后数一数，青菜有几棵，红萝卜有几个，胡萝卜有几根，番茄有几只，看看孩子的计数是否正确。家长还可以提请孩子注意，如果有一捆韭菜，就不要一根一根去数，而要称韭菜的重量，重量的单位是什么？用什么工具来称？用这些问题就可以把孩子引入计重的概念之中。

家长还可以教孩子比较字典与练习簿哪个厚、哪个薄，衣柜与饭桌哪个高、哪个矮，大床与枕头的面积哪个大、哪个小，还可以教孩子看台历或挂历，认清今天是几月几日，记住一年分多少个月，一个月多少天。也可以让孩子认认家里的电子钟，长针在几上，短针在几上，现在是几点钟。开始提的问题不宜太深太难，随着时间的推移，由易到难，逐步加深。

有些孩子虽能按照数的顺序，从“1”念到“9”，甚至背出更多位的数，但是手、口不相应，说明只是一种顺口溜，还不能算掌握了数的概念。因此，必须向孩子提出以下要求：（一）口、手要对应，口中念的数与手指点的物体数要相符。家长报出一个数，孩子就要拿出与数相符的物体。（二）要建立数的概念。对于计数的物体，不要管它的体积大小，形状如何，排列松紧，位置高低，而是一个一个地计数，有一个算一个。（三）能正确说出数列，说出每个数少“1”是几，多“1”是几。例如“5”少“1”是“4”，“5”多“1”是“6”，它的数列就是“4→5→6”。（四）能初步知道数的合成，将每个数分成两部分，将两部分合起来就是这个数。例如：“2”是两个“1”合成的，“3”是一个“2”和一个“1”合成的，暂时不要要求将每个数分解成两个以上的数。对于“0”这个数，孩子在计数到十位以上时必然会遇到，家长可以告诉孩子，“0”不仅表示一个也没有，还用来表示位数。例如“10”这个数，“0”表示个位数没有，十位数有一个“1”，如果没有“0”，就无法表示“十”了。

启发孩子学数学，关键在于激发孩子的学习兴趣。应该多采用形象、直观的教学方式，把抽象枯燥的数和直观生动的形结合起来。例如，盘子里放5只苹果，可以让孩子计算，家里3个人，每人各吃1只，盘子里还剩几只？花盆里6朵花，枯萎了4朵，还剩下几朵？孩子们往往对这类题目有兴趣，学起来既快又牢固。引导中要掌握题目的难易程度，太容易了孩子不动脑筋，太难了孩子会失去信心。要从孩子现有的水平出发，由浅入深，由已知到未知，拟出略微超前的题目，让孩子不断地动脑筋，从而产生学习的兴趣。

有些脑筋急转弯的题目，暂时不要对幼儿使用。例如，问：树上有 10 只小鸟，开枪打死 1 只，树上还剩几只？孩子如果回答还有 9 只，从计数的角度考虑，应该说是正确的。至于在实际生活中其余 9 只鸟都吓飞了，树上一只也没有，那已经不是数学的问题了。再比如问：屋内点燃了 5 支蜡烛，被风吹灭了 3 支，还剩下几支？孩子如果回答还剩 2 支，从纯粹计数考虑是对的，实际生活中就不对了，因为没有被风吹灭的蜡烛烧光了，被风吹灭的蜡烛反而留了下来，所以剩下的是 3 支。这类题目往往是转换概念，改变条件，使问题复杂化，对于刚开始学计数的孩子是不适宜的，它只会把孩子越搞越糊涂，弄不好还会引入歧途。例如，前面所举的吃苹果例子，你问盘子里还剩几只苹果，他可以回答还剩 1 只。你要问还有 1 只苹果哪里去了，他就说，老鼠偷走了。听到这样的回答，家长不就啼笑皆非了吗！

第十章　社科知识

人类社会是个有机的整体，人与人之间存在着密切的联系。人们为了生存发展，繁衍后代，必须交流思想，必须有语言、文字和其他信息符号。人类社会从原始状态发展到现代，已经形成了高度的物质文明和精神文明，作为一个现代人，无时无处不与社会息息相关。哲学、政治、法律、经济、历史、地理、文艺、教育、伦理、心理等学科无不影响着每个人的思想、行为，规范着人类社会的各项活动。社会好比是张严密的网，每个人都包容在这张网以内，离群索居的人是无法生存的。

一、培养孩子的社会意识

孩子到 3～4 岁就要离开父母到幼儿园里过集体生活，开始与教养员、小朋友接触，教养员教给孩子日常的生活规则，指导孩子与小朋友相处。这时，孩子开始认识社会上各种类型的人，如交通警察、营业员、医生、护士、清扫员等；开始注意他所走街道的名称，记住自己家庭的住址，说出父母的姓名和职业。这些情况表明，孩子开始有了社会意识。

家庭是社会的细胞，亲情是人类伦理的基础，认识社会往往从认识家庭开始。随着年龄的增长，要抓好孩子的启蒙教育，使孩子正确地了解自己在家庭中的位置，认识除父母以外的其他亲人，如祖父母、外祖父母等。报纸上曾披露过这样一件事，有个孩子不肯吃饭，每顿饭都要他的祖母跪在地上向他磕头才吃，这个孩子的错误就是家庭教育不当造成的。在社会上，既有背着残疾父亲去上学的孩子，也有虐待残疾父母的孩子，这是两个截然相反的例子，虽然是个别的，但是足以引起做父母的对启蒙教育的重视。

家长应该教育孩子尊老爱幼，真诚待人，团结同学，爱护集体。有的家长不是这样，他们唯恐自己的孩子吃亏，往往教孩子以大欺小，恃强凌弱。如果自家孩子与别的孩子发生纠纷，不问青红皂白，就气势汹汹地兴师问罪，甚至动手打对方的孩子。这种霸道作风，不是爱了孩子，而是害了孩子。

家长在教育孩子真诚待人的同时，也要教孩子不要上当受骗，要有应付意外事故的机智。社会上总有一些坏人，他们拐卖孩子，绑架儿童，勾引孩子赌博、偷窃、贩毒，逼迫孩子参加流氓团伙做坏事，危害社会。儿童年幼，罪犯和犯罪团伙作案常常以儿童为对象，这种严峻的事实不能不引起孩子的注意和家长的警惕。报纸上登载过一则消息，有个上小学一年级的孩子被坏人骗走了，那个骗子要把他带到外地去卖，在铁路的候车室里，孩子看到一个维持秩序的民警，突然挣脱骗子的手，向民警怀里扑去，嘴里大喊："他是坏蛋！"骗子吓得抱头鼠窜，这个孩子获救了，他是一个机智勇敢的孩子。然而也有一些被拐卖的孩子，没有逃脱坏人的虎口，被卖到偏远的山村，后来虽然有机会逃脱，可是连自己的家在什么地方，父母的名字叫什么都不清楚，无法与家人取得联系。这种情况说明，这些孩子还没有一定的社会意识，生活在幸福的家庭中，从未想到有一天会灾祸临头哩！当然，"子不敬，父之过"，这个责任应该由家长来负。

有的孩子在幼儿园里不知道应该遵守集体秩序，集体活动时不肯排队，上课时老做小动作，午睡时不肯睡，吃饭时故意把饭洒在桌上，游戏时，随意追逐奔跑，打打闹闹。这些看起来是些小事，其实，良好的习惯是从小养成的，遵章守纪应从娃娃抓起。有些成年人违纪犯法决非偶然，往往与他童年时缺乏良好的教育有关。当今社会是个法治社会，有一系列法律、规章、制度规范着人们的行动。对孩子从小进行法治教育，从小养成遵纪守法的习惯是十分必要的。

市场经济离不开货币，金钱和每个人的生活息息相关。幼小的孩子开始时并不理解金钱的作用，不会要钱花钱。懂得钱的作用后，会经常向父母要钱花。如果父母这时不抓紧教育，或者没有满足他的要求，他就会背着父母把家里的钱拿走，或者拿走同学的钱，这就犯了错误。因此，做父母的应该教育孩子正确认识货币的本质和作用。可以从身边小事做起，比如：到商店里买东西一定要付钱；到了超级市场，拿起果品就吃是不行的，因为没有付钱；给零花钱要适当，身边还有未花完的钱可以储存起来；等等。要教育孩子养成朴素、节俭的习惯，不要胡乱花钱，更不要迷恋金钱。有些成年人在金钱上失足，葬送前途的事应引以为戒。

孩子的头脑里本来没有妖魔鬼怪的概念，尤其是婴儿，无所谓害怕。孩子长大以后，看电视，看书，听成人讲故事，逐渐以为社会上真的有妖魔鬼怪。有些成年人向孩子讲鬼怪故事，讲得那么恐怖，给孩子留下了可怕的阴影。当孩子被带到寺庙内，看到那些面目狰狞、身材巨大的塑像时，孩子心里不由得产生恐惧感，有的因受了惊吓而恶梦不断。从此以后孩子再也不敢在黑地里行走，不敢孤身一人在室内做作业，不敢一个人在床上睡觉，稍有头疼发热就以为是神鬼作祟。甚至信神信鬼，落入迷信的泥潭。做家长的，应该向孩子进行无神论的教育，用科学知识解释各种自然现象，使孩子破除迷信，相信科学。

二、教孩子社科常识

已经上幼儿园的孩子，往往会提出一些问题，让家长感到意外。当孩子问起“外国人是谁”、“日本兵为什么要杀中国人”、“美国在哪里”、“还珠格格是哪国人”的时候，表明孩子已经开始接触有关政治、历史、地理、文艺之类的社会问题。现代科技发达，各种信息源不分年龄传开来，所以生活在现代社会的孩子比以往任何时期都见多识广。家长应掌握现代儿童的特点，针对孩子的智力情况，对他们适当地进行社会科学常识的教育。

学一点政治。家长应教育孩子热爱国家、热爱中国共产党、热爱革命领袖，尊敬国旗，学会唱国歌，学校举行升旗仪式时，要求孩子注目致敬。每个国家不论其社会制度如何，都要求本国人民热爱自己的国家。19 世纪意大利作家亚米契斯在他写的《爱的教育》中记载了一则少年爱国者的故事：有一艘法国的轮船，从西班牙开往意大利，船上的乘客有法国人、意大利人、西班牙人、瑞士人，都是绅士或女士，其中有一个衣衫褴褛的意大利少年，两年前被父亲卖给了西班牙的马戏班子，因受不了虐待，逃了出来，打算搭这条船回祖国去。乘客们出于怜悯，把钱币掷给他，他接受了施舍，拾起了钱币。当他坐在舱里休息时，忽听到其中有的乘客谩骂意大利，说意大利人都是骗子、土匪、强盗，是下等的国民时，11 岁的少年怒不可遏地把钱币掷回那三个乘客的身上，愤怒地说："拿回去，我不要那些说我国坏话人的钱。"这则故事说明，即使是贫穷得靠人施舍的孩子，他也有爱国心，不允许别人诋毁自己的祖国，这就是可贵的民族尊严、爱国情结。我国的杨靖宇、赵一曼的事迹，都是爱国主义的好教材，他们在日本侵略者面前，宁可英勇牺牲，决不向敌人低头。家长对孩子从小就要进行爱国主义的教育。

学一点历史。可以讲讲革命伟人的事迹，讲讲英雄模范的光辉业绩，通过人物来讲解现代史。要以现代人物为中心，由近及远，由中及外，19 世纪以前的历史少讲，因为孩子以后在学校还会学到。当孩子上小学以后，可以让他自己阅读《中外两千年历史画册》，逐渐了解人类社会漫长的历史。

学一点地理。在孩子心目中，自己的家乡是世界的中心，地球就是自己看到的那么大。家长要告诉孩子，中国地方大得很，家乡与全国相比很小，而中国与整个世界相比，也只是其中的一小块。让孩子知道这世界上，除中国以外还有许许多多的国家，各个国家都有自己的国土和人民，各国的人种、肤色、语言、生活习惯也不相同。现在我国进入改革开放时期，与世界各国人民友好交往越来越频繁，家长可以结合电视上的"世界风光"，适当介绍一些世界地理知识。

学一点经济。让孩子认识人民币，了解市场上流通的纸币和硬币，搞懂一元相当于十张一角纸币，一百元面值的纸币相当于一百张一元的纸币，学会使用人民币购物的计算方法。要让孩子观察纸币上正面、背面的图案，教育孩子爱护人民币，不要污损它，不要用来摺东西。带孩子到银行去，让孩子知道银行是负责货币流通的中心，暂时不用的余钱可以存在那里，用钱时再去取。

学一点通信。有电话的家庭，可以让孩子用电话与亲友通话，学会使用现代通信手段。支持孩子在元旦前给亲友寄贺卡，学会在信封上贴邮票，要贴足邮资，把信投到邮筒内。

学点交通。要教育孩子遵守城市交通规则，会看红绿灯信号。可以带孩子参观火车站、汽车站、轮船码头，看一看长途汽车、火车、轮船是什么样子，在有条件的城市，可以带孩去看一看机场，坐一坐地铁，以扩大孩子的知识领域。

学一点哲学。哲学思想指导着人们认识世界、改造世界，规范着人们的言论和行为。对孩子当然不能讲高深的哲理，但是可以采取形象化的方式来进行哲学思想教育。我国古代的许多寓言就有很深的哲理性，对孩子讲寓言，学哲理，既形象又有意义。例如《指鹿为马》，就是一则辨别是与非的故事，说明是与非应以符合客观实际为标准。《东郭先生与狼》可以用来分辨好与坏，贪婪成性的狼是坏家伙，东郭先生是缺乏警惕性的好人。要让孩子从小就知道好人与坏人。《龟兔赛跑》的寓言可以让孩子学到“进”与“退”之间的辩证关系，孩子懂得了不进则退的道理，就会奋发向上。《刻舟求剑》的寓言说明了“动”与“静”的辩证关系，可以形象地教育孩子一切都在发展变化，不要用静止的目光看问题。《愚公移山》是“精神”转化为“物质”的寓言，可以教育孩子正确对待困难，下定决心去战胜它。

通过讲寓言，学哲理，通俗易懂，对孩子的学习和世界观的形成，直至长大了为人处世，都有很大的好处。

三、参观历史博物馆

许多城市有历史博物馆，馆内陈列着实物和图片，它把人类历史进行浓缩，通过形象来反映社会发展的历史。家长带领孩子去参观，可以使孩子接受历史唯物主义的教育。

在全面介绍人类历史的历史博物馆里，首先要介绍人类的起源，说的是几千万年前，在地球上温暖的森林里生活着一种古猿，它们长期生活在树上，用前肢攀缘树木，采集果实，用后肢支撑身体。后来喜马拉雅山与阿尔卑斯山隆起，地球气候变冷，许多森林消失，古猿被迫到地面上来寻找食物，使用前肢的机会更多，后肢只负责支撑身体。由于手、足的分工，身体直立起来，随之大脑发达了，语言形成了，粗糙的工具会使用了，逐渐脱离了猿类，向人的方向转化，开始出现了“猿人”。家长领着孩子参观时要强调人是从古猿进化来的，不是神话中所讲的是上帝造出来的。

接着是原始社会，介绍人类在原始状态的社会情形。中华大地是人类的发源地之一，从发掘出来的人类化石表明，距今约一百七十万年前生活着“元谋猿人”，距今约五六十万年前生活着“蓝田猿人”，距今约四五十万年前生活着“北京猿人”，他们都是最早的人类，能制造粗糙的工具。他们以血缘家族关系生活在一起，过着采集、狩猎的生活，这时属于旧石器时代。

到了距今约四五万年时，在中华大地生活着“河套人”、“柳江人”、“麒麟山人”，距今约一二万年前生活着“山顶洞人”，他们掌握了取火技术，采集、狩猎、捕捞鱼蚌，形成了母系氏族社会。到了距今约六七千年时，在黄河流域、长江流域出现了原始农业、畜牧业、制陶业，建立了定居的氏族村落。氏族成员共同劳动、共同消费，妇女主持氏族的生产和分配，这时是母系氏族社会。

大约从五千年前起，我国的一些氏族部落先后进入了父系氏族社会，那时出现了冶铜业、手工业、农业、畜牧业，社会的分工不断扩大，物品的交换有了发展，加速了私有制的发展，阶级关系逐渐形成，氏族之间结成了部落联盟，部落与部落互相掠夺对方的财富和成员。于是战争频繁发生，奴隶开始出现。我国古代的黄帝、尧、舜都是部落的首领。

以后是奴隶社会。这部分的内容介绍公元前 21 世纪，禹当了部落联盟首领后期，社会上形成奴隶主和奴隶两大对立阶级，由于奴隶主残暴的掠夺，奴隶和平民对奴隶主进行了激烈的反抗斗争，禹为了镇压反抗，制订了刑罚，建立了监狱、军队、官员，建立了夏朝，自封为国王。夏朝是我国奴隶社会的开始，经历了夏、商、西周三个朝代和春秋时期，直到公元前 476 年为止。至战国时期，中国社会逐步向封建社会过渡。

中国封建社会延续的时间很长，可分为四个阶段：(一)战国、秦、汉朝，从公元前 475 年起到公元 220 年，前后约 700 年，是封建社会形成和初步发展时期。(二)三国、两晋、南北朝、隋、唐时期，从公元 220 年起到公元 907 年，经历了 700 年，是民族大融合、封建社会进一步繁荣时期。(三)五代、辽、宋、夏、金、元时期，从公元 907 年起到公元 1368 年，前后约 460 年，是中华各民族进一步融合，封建经济继续发展时期。(四)明、清(鸦片战争以前)时期，从公元 1368 年起到公元 1840 年，将近 500 年，我国多民族统一的封建国家，由于商品经济的发展，社会内部有了资本主义的萌芽，它冲击了封建经济制度，使封建社会逐步衰落。

家长领着孩子参观时，要告诉孩子，封建社会的皇帝、贵族、官僚、豪绅都是大小不等的地主，他们对农民残酷的剥削与压迫，促使阶级矛盾激化，所以爆发了农民起义，黄巢、方腊、李自成、洪秀全都是农民起义的领袖，农民起义的斗争，动摇了封建社会的统治基础，导致封建社会的灭亡。

由于受帝国主义的侵略，中国从封建社会逐渐变为半殖民地半封建社会。它可以分为两个阶段：从公元1840年鸦片战争开始到1919年"五四"运动前的80年，为旧式的资产阶级民主革命阶段。在这个阶段，世界上所有的大小帝国主义国家都侵略过中国，以英国为首的帝国主义对中国发动了两次鸦片战争，此外还有中法战争、中日甲午战争、八国联军等。腐败无能的清政府在敌人的威胁下签订了丧权辱国的各种不平等条约，香港和澳门、台湾就是这个时期被帝国主义霸占的。资产阶级的代表人物发动了辛亥革命，推翻了满清统治，但是革命的果实被袁世凯和各派军阀所窃取，中国仍然处在帝国主义和军阀的统治之下。

第二阶段从公元1919年"五四"运动开始到1949年新中国成立以前的30年为新式的资产阶级民主革命阶段。由于俄国十月社会主义革命成功，马列主义传入中国，爱国的知识分子和各界人士掀起了伟大的"五四"爱国运动，中国的无产阶级登上了政治舞台，中国共产党诞生了，领导着工人、农民、革命知识分子进行了革命武装斗争、抗日战争、解放战争，推翻了压在中国人民头上的帝国主义、封建主义、官僚资本主义三座大山，建立了新中国。

至于社会主义社会，主要是介绍新中国成立以后，中国人民在中国共产党的领导下，建设社会主义社会，各条战线上取得光辉成就的历史。特别是中国共产党十一届三中全会的召开，实行改革开放政策，创建有中国特色社会主义的指导思想发挥出无比的威力。通过二十年来的努力，各条战线取得了伟大的成就，更加繁荣富强的伟大祖国巍然屹立在世界的东方。香港的回归、对澳门恢复行使主权，都体现了中国的强大和巩固，中国任人宰割的时代已一去不复返了。

家长领孩子参观历史博物馆，可以使孩子对中国悠久的历史、灿烂的文化，历代人民的革命斗争，有一个粗略的印象，为以后系统地学习历史知识奠定初步的基础。

第十一章　艺术培养

艺术是人类感情的宣泄，是人类灵感的流露，是人类智慧的结晶。艺术宝库丰富多彩，包括绘画、音乐、雕塑、建筑、舞蹈等许多方面。远在古代，原始人就在洞穴里、岩壁上绘画，至今还留下了多处印迹。随着人类社会的发展，科学文化水平的提高，历史上各个时期都有丰富的艺术创作流传到今天，成为十分宝贵的艺术宝藏。如我国的云冈石窟、敦煌壁画、北京的故宫，法国的卢浮宫雕塑，罗马的斗兽场，埃及的狮身人面像，古希腊的维纳斯人像，达·芬奇的《蒙娜丽莎》油画，张择端的《清明上河图》，冼星海的《黄河大合唱》，贝多芬的《第九交响曲》，等等，真是数不胜数。继承和发扬人类艺术遗产，除了着眼于现在以外，还要考虑到未来，要对下一代进行培养，使他们成为艺术的接班人。艺术是智慧的磨刀石，它可以增强人的思维能力，有助于人们在各个领域做出卓越的贡献。

一、教孩子学音乐

每个孩子都有音乐的潜能，婴儿对音乐就很敏感，当他哭闹时，父母摇摇小铜铃，唱唱催眠曲，或者播放优美的乐曲，他就能安静下来入睡。音乐能发展孩子的想像力和思维能力，音乐能调节孩子的中枢神经，音乐能影响孩子的性格成长，音乐能丰富孩子的精神世界。

怎样对孩子进行音乐教育呢？先从音乐的诱导入手。家长可以播放节奏轻快、富有童趣的乐曲给孩子听，使他在音乐中受到薰陶。不要以为孩子小，待他长大以后学音乐不迟，从已成名的音乐家的童年时代来看，他们的父母都重视对孩子的早期教育。我国钢琴家傅聪，三四岁时父亲就播放古典音乐给他听，使他逐渐对音乐产生兴趣，七岁时他父亲就请雷垣教他学钢琴，学了两三个月后就进行测试，要他背对钢琴，雷垣随便按一个琴键，要他辨别出是什么音，傅聪都答对了，这叫"绝对音高"的测试。傅聪的父亲听到这个消息，就给他买了一架钢琴，亲自为他抄写五线谱，从此，傅聪走上了音乐之路。

家长可以对孩子讲音乐家的故事和他们创作的乐曲，如聂耳与《义勇军进行曲》，冼星海与《黄河大合唱》，贺绿汀与《牧童短笛》，华彦钧与《二泉映月》，贝多芬与《月光奏鸣曲》、《第九交响曲》等。有些音乐家的故事很感人，如18世纪奥地利的作曲家莫扎特，一生坎坷，遭遇悲惨，他不分昼夜地创作，写交响乐，写歌剧，写钢琴曲，可是他始终摆脱不了贫穷。他富有同情心，见到有困难的人，就把自己仅有的钱都掏出来，接济别人，而自己一文不名。他创作了《费加罗的婚礼》、《唐·璜》等歌剧，却得不到经济上的资助。相反，有的宫廷作曲家妒忌他的才能，在暗地里伤害他，当他生病时，有人对他投毒。莫扎特死后没有钱办丧事，是朋友们将他的遗体装进简陋的棺材，送到穷人的墓地里埋葬的，几十年后人们无法找到他的坟墓。

有的孩子听了音乐家的故事以后，想听听音乐家所创作的歌曲。有条件的家庭，可以放录音磁带或碟片，让孩子欣赏。在此基础上，可教孩子唱些适合儿童唱的歌曲。有的家长让孩子唱流行歌曲，什么“妹妹坐船头，哥哥岸上走”，“该出手时就出手，风风火火闹九州”，是很不适宜的。应该选择节奏明快、旋律优美、歌词琅琅上口、内容适合儿童的歌曲，使孩子唱得轻松自然，身心愉快。家长应该知道孩子的肺活量小，呼吸短促，声带稚嫩，所以选的歌曲音域不要太宽。如果把成人唱的歌曲给孩子唱，高音部分使劲地喊，喊得面红耳赤，低音部分压着嗓子唱，唱得憋气，这都是有害的唱法。有的家长把唱歌视为消遣，在亲友面前强迫孩子一首一首地唱，孩子往往产生逆反心理，心里产生厌烦情绪。

有条件的家长可以亲自教孩子唱歌，教的程序是：先讲解歌词的内容，把歌词范读一遍，使孩子理解歌词的大意；然后家长先唱，要唱准，有感情，让孩子有个完整的印象，产生学习的兴趣；接着可以一句一句地教，也可以让孩子跟唱，难唱的句子，可以多练几遍，唱得不准的及时纠正，多段的歌曲可以分段教唱。

家长学会启发孩子用想像和联想去理解音乐的内涵，使音乐的语言转化为丰满的形象。一首优美动听的歌曲好比是一幅美丽的图画，通过想像和联想，孩子就能加深对音乐的理解。音乐产生于大自然，家长应该带领孩子到郊外去，听听自然界各种声音：清脆宛转的鸟鸣、潺潺的流水声、飒飒的风声、草丛中低吟的虫声，各种声音相互配合，仿佛奏出一曲天籁歌。孩子在自然环境中获得音乐的感悟，他的心中会涌起一股歌唱的欲望，不由地唱出他熟悉的歌，这就是音乐的激情。

有的孩子对乐器感兴趣，如二胡、古筝、琵琶、小提琴、电子琴、钢琴、手风琴、竹笛、竖笛等，家长可以根据孩子的兴趣、经济条件、师资力量来考虑，给孩子选择一种乐器。家长如果会演奏这种乐器，可以亲自任辅导教师，不会的就应该聘请专业教师任家教。孩子练习乐器时身体的姿势要正确，一旦形成习惯就难以纠正。练习乐器离不开乐谱，要指导孩子认识五线谱，看着五线谱轻声哼唱，同时用手轻轻打着节拍，练习多次后才用乐器演练。有的孩子出于好奇心，开始学习乐器时有新鲜感，时间长了后就感到练习艰苦，兴趣减退，不肯继续练习。家长发现这种情况，要及时对孩子进行教育，消除思想障碍，恢复学习的信心，继续坚持练习。只要钻进去了，孩子就会由衷地喜爱乐器，把丰富的感情倾注在演奏上，奏出一曲曲动听的歌。

二、教孩子学绘画

美术教育可以发展孩子的观察力、想像力、创造力。美术活动要通过眼睛观察，将外界的表象留存在记忆中，绘画时将头脑中的表象重新整合，借助想像力、创造力，形成新的表象，通过画笔表现出来。整个绘画过程是一系列思维活动过程。

孩子普遍有涂画的本能。一个牙牙学语的幼儿，如果抓到一支笔，他就乱画一气，这叫“涂鸦”。“涂鸦”可分为三个阶段。第一阶段是无控制涂画，孩子出于运动感觉的兴奋，画出无目的、无规律、横七竖八的线条。第二阶段是有控制的涂画，孩子通过手臂的运动能画出自己想画的线条，这些线条有来回往复的特点。第三阶段是可辨认的涂画，孩子可以画出最简单的图形，如圆、三角、方形，用这些图形表示他要画的物体。“涂鸦”是孩子学画的必然过程，家长不要简单地阻止，而应加以引导，给孩子准备纸与笔，让孩子在适当的范围内涂画。

当孩子长到 4～6 岁时，他就脱离了“涂鸦”状态，进入启蒙期。首先进入表意阶段。4～5 岁的孩子可以画出简单的、残缺不全的、夸张的线条，用来表达自己的意思。这种画别人看不懂，因为离形象太远。然后进入图式阶段。5～6 岁的孩子，对事物有初步的观察能力，知道物体的具体特征，但因受空间知觉能力的限制，往往以主观想像去画。例如画太阳时圆圈外面画许多线条代表光芒，画月亮就画成半圆，画人是“介”字上面加个小圆圈，画人的手是五条短线代表手指，画面上所有的东西都在一条基线上，他画的房子是透明的，房子里的人全看得见。虽然还很幼稚，总算看得懂了。第三阶段是写实阶段。6 岁的孩子已具有一定的观察力，能够比较真实地画出物体的形象。孩子喜欢画活动的对象，如奔跑的动物、行驶的车辆、航行的飞机、跳舞的女孩等。这时，他已经注意到透视的近处物体大，远处物体小的现象，注意到物体之间的比例关系。

为了进一步提高孩子绘画的能力，辅导可分以下几个步骤进行：第一步读画。先让孩子欣赏自己所绘的图画，家长用提问的方式去启发孩子说出画中的意思，适当地给予鼓励。然后欣赏适合儿童的画册，对画册上那些夸张、生动、形象的图形，启发孩子注意观察，边看边提问，让孩子去思考，由他说出答案。不要简单地翻阅画册，那样效果不好。

第二步辨别基本图形。让孩子熟悉各种几何图形，圆形、方形、三角形、椭圆形、菱形、扇形、梯形、长方形、半圆形、多边形等，用这些图形去勾画出物体的轮廓。比如画一辆大汽车，可以画个长方形代表车身，下加上小圆圈代表车轮，有了轮廓再仔细地描绘。

第三步识别颜色。先从容易辨认的红、黄、蓝色开始，然后逐渐增加橙、绿、紫、白、黑色，以后再区分同类色的色差，如大红、粉红，深黄、淡黄，天蓝、浅蓝，再区别相近的容易混淆的色彩，如绿与蓝，橙与黄等。可以通过观察衣服、家具、室内装饰品等去辨别色彩，暂时不要求孩子了解复色、间色、冷色调、暖色调等。

第四步观察周围的物体。要求孩子观察要认真仔细，能够辨别物体的形状、颜色、状态，不能粗枝大叶，走马观花。观察可分两种：一种是选择好观察对象，有目的地去观察，例如花园里有哪几种花，花的外形怎样，各种花是什么颜色，它的叶子是什么形状，叶子长在什么部位，叶子的颜色怎样，等等。另一种是随时随地即时观察，例如刮风、下雨时天色怎样，大树在风中怎样摇摆，等等。孩子通过观察在头脑中积累了许多印象，作画时就能把这些素材画出来。有的孩子喜欢看足球比赛，他就画两个人踢足球，即使是不加思索，信手画来，画得粗糙，但意思已经表达出来。

第五步画命题画。从孩子熟知的事物去命题，如“我的爸爸、妈妈”、“我的好朋友”、“我家的小狗、小猫、小兔”、“我们过节日”等。命题画能充分表现孩子的想像力，不要计较画面所表达的空间关系、物体的大小比例、远近的透视、构图的安排等方面的欠缺，应着重考虑命题画能否表达孩子的情感和愿望。

第六步临摹。对画册上的图画进行临摹，和习字临帖一样，也是一种学习方法。小学图画课多半从临摹教师的范画开始。家长也可以给孩子选择一些线条规范的图供孩子临摹时用，就如习字从楷书开始一样。

第七步介绍名家名画。孩子已有初步的绘画基础时，为了扩大孩子的知识领域，巩固孩子的绘画兴趣，可以给孩子介绍名家名画。我国的名家名画很多，如南唐顾闳中的《韩熙载夜宴图》，北宋张择端的《清明上河图》，现代董希文的《开国大典》，蒋兆和的《流民图》，王式廓的《血衣》，徐悲鸿的《奔马》，傅抱石、关山月的《江山如此多娇》，齐白石的水墨画等。外国有达·芬奇的《蒙娜丽莎》、《最后的晚餐》，米莱的《拾穗》，列宾的《伏尔加河的纤夫》，拉斐尔的《雅典学院》，门采尔的《泥水匠》等。这些绘画有无穷的魅力，历久而不衰，认真学习，可以提高孩子的欣赏水平和绘画能力。

孩子们通过学习绘画，有的将来也许成为一名画家，但更多的是从事其他职业。做父母的不要以为孩子没有当画家，培养孩子艺术修养的心血就白费了。要知道美育能陶冶人的性情，启迪人的智慧，增添生活情趣，提高审美水平，塑造出有良好素质、高尚情操的人。德、智、体、美、劳，对于一个全面发展的人来说，是缺一不可的。

三、教孩子学舞蹈

孩子普遍有手舞足蹈扭动身体的习惯，孩子们跳牛皮筋时，嘴里念着歌谣，脚下有节拍地跳着踏跳步，两臂自然摆动，连跳四五下后，就跳出圈子，由后面的人接着上，这种游戏实质上就是一种舞蹈，孩子们几乎是一学就会。在家庭生活中，也可以发现，孩子嘴里哼着歌曲，脚下走着踏点步，两臂自然地挥舞，身体不停地摆动，其实这就是孩子自己创作的舞蹈，他用舞蹈来抒发自己内心的感情。

儿童的舞蹈不是成人的舞蹈。儿童舞蹈应该具有以下特点：富有童趣，能充分反映孩子的心理状态，反映孩子的行为特点。在动作上，应该天真活泼，纯朴幼稚，不矫揉做作，适合孩子的活动量。要简单易学，动作不复杂。

家长不是专业的舞蹈教师，对孩子可作一般性辅导。先教孩子练基本舞步，如：小跑步、踏点步、跑跳步、碎步、大跨步等，然后根据所选歌曲的内容、节奏、速度，做出相配合的律动。可以模仿生产劳动的动作，如采茶、采果子、收割、播种等，也可以模仿动物的动作，如鸟的飞翔、兔子蹦跳、蝴蝶扑翅、鸭子游水等，还可以把孩子日常生活中的动作加以编排，如拍球、扫地、洒水、刷牙、洗脸等。要注意动作之间的连贯，上下肢的动作与音乐的节奏要协调一致。有了基本动作的训练，就可以选择歌曲，进行排练。待孩子熟练后，就可以在全家人面前表演，用录音机播放音乐伴奏，家长用手拍打节拍，有助于坚定孩子的信心，让他有始有终地将舞蹈表演好。这种舞蹈属于自娱性，孩子在学校中经过教师的专业训练，所学的舞蹈属于表演性的，要求比自娱性的舞蹈严格一些。要想让孩子在舞蹈上有所成就，必须由专业教师进行有计划的训练。这要根据孩子的兴趣、爱好和自身的条件来确定。

家长辅导孩子学舞蹈的目的是为了活跃孩子的身心。舞蹈是音乐、美术、体育三者有机结合的综合体，它既要有音乐的节奏，又要有形体的动作，还要表现出美的形象。舞蹈是抒发感情的最好方式之一。孩子经常进行舞蹈，他的心情舒畅，身体健康，会产生对美好事物的追求。

当孩子对舞蹈产生兴趣后，可适当介绍一些有关舞蹈方面的知识。在原始社会时，许多部落每逢集会、节日、采集果实、作物丰收、狩猎归来、欢迎客人、缔结和约、出发远征、凯旋归来、婚姻喜庆等，都要举行跳舞活动。他们的舞蹈动作多半模仿动物的动作，如澳大利亚人有鸵鸟舞、犬舞、蛙舞、蝴蝶舞、袋鼠舞；非洲许多部落喜欢跳鳄鱼舞；北美印地安人爱跳熊舞、野牛舞；爱斯基摩人爱跳海豹舞、驯鹿舞；我国鄂伦春族跳黑熊舞；拉祜族跳斗鸡舞。这些舞蹈反映了人类对动物的崇拜。自从宗教产生以后，舞蹈就用来搞祭祀活动。阶级社会产生后，统治者也用舞蹈来举行庆典和宴乐。舞蹈成为人类社会必不可少的艺术活动。

舞蹈发展到现在已成为一项综合性艺术，可分为专业型与通俗型两类，专业型有民族舞、芭蕾舞、舞剧等，通俗型有交谊舞、健身舞等。我国解放后，文艺工作者创作了《红绸舞》、《荷花舞》、《孔雀舞》、《长鼓舞》、《金山战鼓》、《丝路花雨》等，既继承了我国民间舞的优良传统，又富有古舞的神韵，洋溢着现代人的生活气息，旋律轻快，节奏丰富多变，深受国人喜爱。国外有些著名的芭蕾舞剧，如《天鹅湖》、《灰姑娘》、《罗密欧与朱丽叶》等，这些舞蹈都是专业型的。至于群众中普及的各种交谊舞、健身舞，已成为社交和健身必不可少的一项活动。

让孩子知道这些舞蹈知识，使他对舞蹈产生兴趣和追求，可以陶冶身心，健全体魄，也许将来会成为一名专业舞蹈工作者，把自己毕生精力献给舞蹈事业。

第十二章　体育锻炼

人们进行体育锻炼，可以增强体质，促进身体健康；能够锻炼人的意志，使人具有坚韧的毅力；还可以训练人的大脑，使人反应灵活、思维敏捷。体育运动可以促进人体的健美，各类体育活动反映了运动员力量与形体的完美结合。观看体育竞赛，是一种美的享受。

一、让孩子喜爱体育

孩子们普遍喜欢游戏，但不一定喜欢体育。游戏与体育是有区别的，体育是以人体运动为基本手段，增进人体健康，增强身体素质，促进身心发展。有的孩子不参加体育活动，身体消瘦，弱不禁风，稍有激烈活动就头晕眼花，脸色苍白；有的孩子营养过剩，身体过分肥胖，稍稍活动就面红耳赤，气喘吁吁。这两种情况的孩子，尤其需要加强体育锻炼。人的体质是人的生命活动和劳动、工作的物质基础，身体好，学习好，工作好，这“三好”中身体好被放在了第一位。没有健康的身体，即使有再好的才能也无法实现自己的抱负。唐朝诗人李贺，幼年时就聪敏好学，七岁就能即席赋诗，十几岁时被人称为“东京才子”。他的诗歌驰誉文坛，是继李白之后的又一位著名诗人，可是他心情抑郁，体弱多病，仅活到二十七岁就去世了。

怎样使你的孩子喜爱体育运动呢？有的家长采取强迫命令的方法，甚至用打骂相逼，孩子会产生逆反心理和抵触情绪。应该从诱导入手，培养孩子的兴趣。可以让孩子看电视上的体育节目，家长陪着一道看，向孩子介绍各类体育比赛的规则、要求、成绩、标准，使孩子对体育比赛逐渐了解和熟悉。有了这样的基础，再带孩子到体育场馆看各种体育比赛，因为电视里的画面是平面的，而体育场馆里的比赛是立体的、真实的，作为一名观众可以真切地感受到场上竞争的氛围。

怎样观看比赛呢？家长要向孩子做一些必要的介绍，说明这是一场什么比赛，比赛的规则、器械、计分办法；队员出场后，介绍队员的情况；比赛开始后，根据竞赛的进程，介绍双方和队员的表现；比赛结束时，要孩子看记分牌或显示屏上公布的成绩。多看几次，孩子就会产生兴趣。为了让孩子从看热闹转变成看门道，家长可以启发孩子更多地了解比赛的规则，注意运动的基本技术动作和高难动作，观看比赛双方技战术的运用和运动员的竞技状态，懂得体育比赛不仅是技能的较量，也是毅力、意志的较量。

在此基础上，家长还可以指导孩子收集世界冠军的报道，如报纸、画刊、照片等，可以抄写、剪贴、复印，将有关材料装订成册，供随时翻阅。在世界级体育比赛期间，有大量的新闻报道，要尽量地收集。家长也可以向孩子介绍我国获得世界冠军的运动员刻苦锻炼的事迹。比如：

游泳名将林莉，从七岁起就开始学游泳。当时江苏南通的游泳池设施陈旧，水温无法控制，林莉冷得抱着双肩发抖。教练催她下水，她怕冷不愿下去。她父亲骂她也不管用就自己跳进水池里。林莉见了，吓得赶紧跳入水池中。她小时候就是这样，克服一个一个的困难，练出了扎实的基本功。

国际象棋世界冠军谢军，小时候跟在父亲身后上街，父亲在马路边和别人下象棋，谢军就在一旁看。她看多了手就痒了，就和大人们下棋，经常赢了对手，因此当地传开了“酒仙桥旁有个马路棋童”的消息。这消息传到北京棋院，引起领导的重视，就派人去找她，吸收她参加业余训练，到她九岁时已成为北京市少年象棋赛的亚军。后来她被吸收到棋院改学国际象棋，于 1991 年 10 月赢得国际象棋世界冠军称号。

神枪手张山，从小就爱体育活动，十二岁时已成为学校里女子篮球队的队长。后来她被南充市射击队选中，当了一名射击运动员。由于勤学苦练，在 1992 年 7 月巴塞罗那奥运会上，她获得飞碟射击的世界冠军。

女子自行车计时赛冠军周玲美，十岁时偷偷学骑父亲的自行车，不知摔了多少跟头才把自行车学会。十一岁时被她母亲送到省队参加专业训练，在炎热的烈日下，她骑着自行车绕着南京古城一圈又一圈地转，浑身的汗水直往下淌。由于有不怕苦的顽强精神，她的车技提高很快，在 11 届亚运会上，打破了 1 公里自行车计时赛世界纪录。

女子世界体操冠军马燕红，十二岁参军，走进体操馆，接受教练的指导，进行体操训炼。她不论炎夏寒冬，都坚持到体操房训练。1979 年 12 月 9 日，马燕红十五岁时第一次参加世界体操锦标赛的决赛，她在高低杠上转体 180°接团身前空翻，并以独特的下法稳稳站住，成为我国第一个在世界体操锦标赛上获得金牌的人。

每个运动员的背后都有一段刻苦锻炼的经历，金牌是汗水铸就的。他们的事迹一定会打动你孩子的心。

二、家庭体育的实施

实施家庭体育时先要明确体育的内涵。体育不仅仅是锻炼身体，增强体魄，还要注意供给孩子合理的营养，培养良好的卫生习惯，树立体育的审美观念。

家庭体育的实施从抓孩子的卫生习惯入手，要求孩子饭前便后要洗手，早晚要刷牙，要注意用眼卫生。平时要勤剪指甲、勤换衣服、勤洗澡。要按时睡眠，按时起床。睡眠时要保持正确的姿势，写字时不要驼背。

孩子的饮食营养要合理。做菜要讲究保存营养成分。吃菜要荤素搭配，不可偏食。不要边吃边玩。孩子吃饭时不要打骂，要使他保持愉快情绪。每天要吃点水果。要教育孩子不吃不洁的零食。有的家长将成人服用的营养品给孩子吃，使孩子过度肥胖，这是要不得的。有的孩子只吃零食不吃饭，有的吃吃玩玩，吃一半就不吃了，还有的想吃就吃，不想吃就不吃。这些不好的习惯，必须及时纠正。

家里门窗要经常打开，保持空气流通。每天要清扫庭院，抹拭家具上的灰尘。室外场地要平整。住在楼上的家庭，要带孩子到楼下活动，接触新鲜空气，晒晒阳光。

家长还可以引导孩子因地制宜地做各种体育活动。第一类是床上活动，如在床上滚翻、爬行，做仰卧起坐或俯卧撑动作。第二类是室内活动，如在地上学兔子跳、跳起来摸高、拍皮球、踢毽子、掷沙袋、打乒乓球等。第三类是室外活动，可以去公园里玩跷跷板、荡秋千、划船、转转椅，到游泳池去游泳。第四类是郊外活动，如竞走、爬山等。对孩子进行的体育活动要由少到多，循序渐进，持之以恒，培养孩子对体育的兴趣。

国外体育工作者汤姆教授，制订了一个孩子的家庭体操大纲，可供孩子在家中体育锻炼。具体内容如下：

（一）起床运动

准备动作，身体平躺在床上。

1. 转头操：第一节，头向左转。第二节，头还至原位。第三节，头向右转。第四节，头还至原位。坚持做八遍。

2. 屈腿操：第一节，弯曲左腿。第二节，左腿伸直。第三节，弯曲右腿。第四节，右腿伸直。坚持做八遍。

3. 仰卧起坐操：第一节，两腿伸直并拢，上半身弯曲竖立，两臂前伸，以手指尖碰触脚趾尖。第二节，身体恢复仰卧原状。重复做八遍。

（二）床下运动

准备动作，人下床后在床旁边站立。

1. 原地踏步操：

第一节，两臂在身前左右摆动，原地踏步十下。

第二节，两臂在身体两侧前后摆动，原地踏步十下。

第三节，两臂前平伸，悬臂，原地踏步十下。

2. 侧身操：

第一节，左脚向左跨半步，两臂向左右伸出，与肩平。

第二节，左臂叉左腰，右臂上抬45度，手臂伸直，手高过头顶。

第三节，保持第二节姿势，上半身向左侧弯曲。

第四节，左、右臂放下，收回左脚，身体直立回原状。

第五～八节，与前四节操法相同，改变左右部位即可。

坚持做八遍。

3. 下蹲操：

第一节，身体直立，两臂前平举，与肩等高。

第二节，身体下蹲，臀部与腿屈成90度夹角。

第三节，身体直立，恢复第一节姿势。

第四节，两臂放下，成直立状。

坚持做八遍。

（三）盥洗运动

1. 洗脸操：准备动作，双手捧湿毛巾。

第一节，双手捧着毛巾，从左眼角开始向下顺着腮部至下巴，再向上至右腮，绕过额头，回到左眼角。

第二节，双手捧着毛巾，从左眼角向上，经过额头，在脸上绕一圈回到左眼角。

第三节，双手捧着毛巾，从右眼角向下，在脸上绕一圈回原位。

第四节，双手捧着毛巾，从右眼角向上，在脸上绕一圈回原位。

动作要轻而快。

2. 刷牙操：准备动作，牙刷蘸水，挤上牙膏。

第一节，手握牙刷柄，将牙刷伸到左边牙齿外侧，刷四下。

第二节，将牙刷伸到右边牙齿外侧刷四下。

第三节，将牙刷伸到左边牙齿的内侧，上下牙刷四下。

第四节，将牙刷伸到右边牙齿的内侧，上下牙刷四下。

牙刷作上下运动，动作轻而快，刷后用水漱口。

四、卫生运动

拖地操：一边拖，一边呼出节拍，地的左边拖一至四节，地的中间拖一至四节，地的右边拖一至四节，边做边呼，动作有节奏。

这个大纲可根据孩子年龄大小、体质状况，有选择地进行。关键在于持之以恒，坚持不懈，才能收到增强体质的效果。

三、体育与精神的关系

体育锻炼不仅能增强人的体质，而且对人的大脑也是一种训练。有许多在学术研究上有突出成绩的人，在体育运动上也是成绩优秀者。如美国的埃德温·摩西，被称为美国的“400 米跨栏之神”，保持 109 次不败的纪录。他在学生时期品学兼优，在高中二年级时获得美国国家科学基金会的奖学金，高中三年级时获得全美学业优秀奖，上大学后又获得学术奖学金。他拥有物理学位，同时也是一名运动员，曾获得沙利文奖和欧文斯奖，连续 6 年被评为世界最佳运动员。丹麦的哈拉德·玻尔是著名的数学家，他同时也是著名的足球运动员。美国作家海明威曾获得诺贝尔文学奖。他从小爱体育，14 岁学拳击，被人打瞎了左眼，但他仍坚持训练，当写作疲劳时，他就练练拳击。

从以上所举的例子可以看出，体育运动并没有妨碍他们的学术研究，反而使他们更加聪明。日本一个科学研究人员曾做过记忆力的测试，他将被测试者分成三组，第一组人坐在椅子上不动，第二组人站着不动，第三组人慢步跑，跑一段歇下来，然后再跑。分别对三组人进行测试，结果坐着的人记忆成绩最差，站着的人成绩一般，慢跑的人成绩最好。究其原因，是慢跑的人血流量加快，大脑皮层有充足的氧与葡萄糖补充，大脑的神经元得到充足的能量，所以思维活跃，反应敏捷，工作效率提高；直立的人脊柱伸直，血流畅通，可以供给大脑足够血量，但与慢跑相比，血流相对要慢，所以成绩一般；而久坐者血流缓慢，大脑供血不足，所以反应较慢，工作效率较差。这个结果告诉我们，适当的体育活动，有利于思维的锻炼，增进人的智慧。

体育活动还能转化为精神力量，增强人的意志，使人坚韧不拔。每个成功的运动员背后都有无数次的挫折与失败，他们每次失败后坚持再练，直到成功。训练的过程也就是锻炼意志的过程，坚强的意志是运动员取得胜利的保证。所谓意志，就是人们在头脑中，确定一个奋斗目标，而后用自己的行动去达到它。遇到阻力或挫折时，他就调节自己的行动，去克服这种阻力，改变这种不利的条件，从而达到自己制定的目标。人的意志有强弱之分，意志坚强的人有自信心，有积极的乐观情绪，不因挫折而灰心丧气；意志薄弱的人心理脆弱，受到打击就一蹶不振。体育锻炼能锻炼意志力。坚持体育运动，可以增强信心，提高勇气，培养战胜困难的毅力。

美国短跑女将德弗斯，在1988年全美大学生田径赛中获得100米跨栏冠军，后来又参加了汉城奥运会。在奥运会上，她突然头痛难忍，体重骤减20公斤，回国后经医院检查，发现患了癌症。她接受了化疗和放射性治疗，头发大把脱落，左眼几乎失明，左脚肿胀出血，医生建议锯掉左腿。德弗斯不得不中断短跑训练。可是她的老师鼓励她用训练去战胜疾病。在老师的鼓励下她没有锯腿，而是一面继续治疗，一面进行训练，身体果然逐渐恢复健康。1991年初，德弗斯又重新出现在训练场上，5月间在跑道上创造了100米跨栏的13秒28

的好成绩，在莫尔比室内田径赛上夺得冠军，9月在日本东京田径锦标赛上获得银牌。1992年，她在巴塞罗那奥运会上，夺得了100米跨栏的金牌，成为世界上的“女飞人”。德弗斯这种坚强的意志和她顽强拼搏的精神，赢得了人们的赞誉，美国奥委会授予她“奥林匹克精神奖”。

我国乒乓球世界冠军邓亚萍有一段艰辛的经历。她从小就性格倔犟，像男孩子一样勇敢，5岁时就坐在爸爸的自行车大梁上，天天到文化馆去练球，每天挥拍几千次，胳膊累得火辣辣的疼都不吭一声。1981年，邓亚萍8岁，初次参加河南省乒乓球比赛，获得儿童组冠军。她9岁时由父亲推荐给河南省乒乓球队接受训练，练了几个月后，参加训练的儿童都留在省队，唯独她被退回，原因是“个子太矮，没有发展前途”。邓亚萍没有球打，心里很痛苦。她的爸爸又把她推荐到郑州市乒乓球队培养。她十分珍惜这个机会，每天早晨出操，要跑3000多米，教练手掐跑表计算时间。邓亚萍个子小、腿短，虽然拼命跑还是超过时间，教练要求她再跑一圈，她就比别人多跑1～2圈。她咬着牙，憋着劲，绑着沙袋跑。每天上午三个小时的单球训练，每个动作要重复上千次，流下的汗水把地面都浸湿了。下午是两个半小时的多球训练，要连续打完14筐球，每筐有200多个球。为了加强训练，她在腿上绑沙袋，身上穿沙衣，在球台前来回奔跑。功夫不负苦心人，1983年8月，年仅10岁的邓亚萍参加全国性比赛，获得团体和单打两块金牌。1986年10月，13岁的邓亚萍参加全国乒乓球锦标赛，获得团体冠军。这时，这个矮个子运动员才引起了乒坛的注意。1988年10月，她在全国乒乓球锦标赛上夺得双打和单打冠军，同年11月又从菲律宾捧回亚洲杯女子单打冠军。国家乒乓球队终于吸收她为队员，这时她刚15岁。邓亚萍不屈不挠、顽强拼搏的精神，在世界乒坛留下了永恒的轨迹。

第十三章　向社会学习

中小学生的学习有两方面内容，一是知识学习，通过理解、记忆、练习、重复，掌握知识和技能，掌握解决自然与社会问题的能力。二是向社会学习，学习做人的道理，学习如何适应社会环境，适应人际关系，使自己成为具有社会活动能力的人。向社会学习比向书本学习复杂得多，它不是在课堂中开设一门课，也不是由一个教师来任教，而是通过日常生活，与同伴游戏，和成年人接触，看电影、电视，参加社会实践，在潜移默化中逐渐进行的。

向社会学习关系到孩子的心理健康，关系到孩子的学习态度，关系到孩子世界观的形成。它是一门学会做人的必修课，社会实践是它的大课堂。

一、向社会学习的重要性

现在的儿童大多是独生子女。有些家长对独生子女过分娇惯，什么都依着他，什么事都不让他做。六七岁的孩子不会穿袜子、系鞋带；十几岁的中学生不知道如何洗衣服、炒菜、煮饭；有的大学生入学，要家长提着行李，铺床叠被；有的大学生脏衣服不洗，积了一大包后带回家给母亲洗。这种情况并不是个别的。

我国的教育方针要求学生在德、智、体、美、劳诸方面全面发展，成为“五有”的新人。家庭教育要配合学校教育，双管齐下形成教育的合力。有的家长不明白这个道理，采取不恰当的方法干预或影响学校教育，例如，学校组织小学生郊游，这本来是一种体力和意志的锻炼，而有的家长却骑着摩托车，背着食品袋，拎着各种饮料，做自己孩子的后勤，寸步不离地随着学生的队伍前进。孩子如果一刻也离不开家长的庇护，一旦遇到突然发生的事故，就必然缺乏应变能力。曾经发生过这样的事，有几个小孩到池塘里游泳，其中一个小孩在水中遇险呼救，其余的小孩都惊呆了，不知如何是好，眼看那个小孩沉了下去，只好赶紧回家，谁也不敢声张。直到晚上，那个被淹死孩子的家长到处找人，这些孩子才说出来，但是为时已晚。还有个孩子在家里玩火，火花落在沙发上把沙发烧着了，他吓得躲到门外去，却不去灭火，以至火越烧越大。等到家长回来时，大火已把家具烧光了。这些情况说明孩子缺乏危机意识，遇到突发事件就束手无策。

有的教师受应试教育的影响，重智育，忽视社会学习，把考试成绩作为衡量学生的唯一标准，认为成绩好的学生才是优秀生，成绩差一些却有社会活动能力的学生则只能是中等生。但是在实际生活中，遇到紧急情况时，优秀生与中等生处理问题的态度却出现很大的反差。有这样一件事例，几个学生到深山去探险，迷了路，天黑下来，只好露宿荒山。山中风吹林响，野兽啼啸。面对这恐怖之夜，优秀生被吓哭了，倒是中等生见多识广，沉得住气。他一面劝慰哭泣的同学，鼓舞大家的勇气，一面用自己的身体护着胆小的同学，他们终于熬过了这不眠之夜。这个事例告诉我们，只有书本知识，没经过实际锻炼，是不能全面造就人的。俗语说得好，“马厩里养不出千里马，温室里育不出万年松”，我们应该鼓励中小学生参加社会实践，接受社会技能和生活技能的训练，使他们具有自我保护的意识、自我生存的能力和对付突发事情的应变能力。

有部电视剧介绍一个家庭教育的故事:有一位老爷爷,为了培养孙子和孙女独立生存的能力，就给每人一元钱，让他们自己到社会上磨炼,要求通过自己的劳动解决吃饭问题。他的孙女找到一家饮食店，主动帮厨师洗碗筷，做清洁工，受到厨师的欢迎，很顺利地解决了吃饭问题。他的孙子在街上寻找目标，发现一辆载货的三轮板车上拱桥很吃力，他就主动上去帮着推,并表示愿意蹬上一段路。车主听了很高兴,就请他帮忙，货送到目的地后，车主请他吃了饭。孙子、孙女完成了任务回家，都把一元钱原封不动地还给了爷爷。这则故事很有教育意义,说明家长应该鼓励孩子去经受实际锻炼。有的家长送孩子出国采取通过特快专递公司邮寄的办法，或者托付给客运公司、航空公司，由他们派人照顾，使孩子单身一人也能到达国外亲人身边。这种办法，对孩子也是一种很好的锻炼。

家长应该鼓励孩子接触社会，在日常生活中经受实际锻炼。例如，可以每周规定一天让孩子做饭、炒菜；平时小件衣服自己洗；利用假日参加社会宣传和义务劳动；大一点的孩子放假时，独自到外地探亲或旅游，或者做社会调查，了解社情民意；等等。所有这些，都是让孩子向社会学习，在实践中锻炼的好方法。

二、培养孩子的社会活动能力

教育工作者要为祖国培养出能适应未来社会需要的跨世纪人才,这种人才必须具备两种能力,一种是智能与技能,另一种是社会活动能力。有的教育工作者重视智能的培养，却忽视对学生社会活动能力的培养；重视人生观、理想、前途的教育，却忽视教育孩子如何适应社会环境，如何正确处理人际关系。在学校中，有一种孩子很聪明，就是不用功，在课堂上经常做小动作，和同学闹矛盾，班主任如果因此认为这类孩子的品德差就不对了。这种孩子的智能比社会活动能力高，实际年龄比心理年龄高，他们的问题不在品德，而是缺乏自我约束能力，不知道如何适应学校这个环境，不知道如何与同学正确相处。这种情况在大学少年班的学生中反映尤为突出。这些十几岁的少年在课堂里学的是大学课程，回到宿舍却玩洋娃娃，他们天真幼稚，往往按小学生的心理去待人接物，不会处理实际问题。这说明智能与社会活动能力有差距，是教育中必须解决的问题。

也有相反的情况，就是孩子的心理年龄比实际年龄高，社会活动能力比智能高。有个上小学的女孩，家庭贫困，母亲瘫痪在床。她勇敢地挑起了家庭生活重担，一面照料残疾的母亲，一面还坚持上学，她比同龄的孩子要懂事得多，知道如何克服困难，如何处理家务。贫困的生活，家庭的重担锻炼了她的社会活动能力。

社会活动能力包含三个基本要素：社会认知、社会技能、社会情感。

社会认知是指认识别人、了解别人的能力，通常是指从别人的外貌、衣着、言谈、举止来推测该人的内心世界。对于孩子来讲，社会认知十分重要。孩子单纯幼稚，无法识别社会上各种各样的人，往往以为人只有好坏两种，坏人一定是凶神恶煞、容貌丑陋、说话粗野、行为蛮横的人；好人一定是衣着整洁、容貌端正、和颜悦色、待人亲切的人。这种认识很容易上当受骗。其实社会上的人是很复杂的，认识一个人更复杂，仅看外表是不行的，必须通过长期接触，通过大量言行，才能作出正确的判断。对于孩子来讲，要在与其他孩子的交往中，与成年人的接触中，通过长期观察，逐渐了解别人，才能获得认知。

社会技能是一种行为的方式，是指在一定社会情境下，人与人之间相互交往的方式。这种交往必须被社会认可，于他人有益，又给自己带来最大的好处。因此，它必须符合法律和道德规范，顾及风俗民情，适应环境条件。说话做事，能具体情况具体分析，灵活运用一定的原则，有利于公众和社会。中国古代“孔融让梨”的故事，就提供了一个很好的典型。欺骗、盗窃、伤害他人都不能叫做社会技能，因为它是以损害他人利益为目的的。为了有效地调节人与人之间、个人与社会之间的关系，必须对个人的行为有个约束，使个人的社会技能符合尊重他人、尊重社会的准则，这个约束就是行为规范。其内容包括道德规范、法律规范、社会习俗等。所有的公民都必须遵守，故意违犯的人是违法犯罪者或精神病人。孩子从小就要学习行为规范，落实在行动上，从遵守学校各项纪律开始。

社会情感不是指人的一般情感，而是指人在社会情境中产生与他人相一致的情感，能够从他人的立场，社会的高度思考问题和处理问题。“希望工程”就是人们社会情感的具体表现。如果一个孩子行为孤僻、态度冷漠，对同学的痛苦无动于衷，甚至幸灾乐祸，就是缺乏社会情感的表现。1999 年 10 月新闻报道，武汉有个 13 岁的少年，逃学被父亲发现，父亲要求他回校读书，他反而用斧头把父亲砍死。叹息之余，乡邻们说："这个孩子从来不知别人对他好，从小不知道接受别人对他的爱，更不知怎样去爱别人。"这是缺乏社会情感的典型例子。但也有令人感动的事例：湖北省宜城市农村有金玉国、金玉民兄弟俩，为了让双目失明、年已60的母亲重见光明，争着要献出自己的角膜，后来是金玉国献出角膜，医好了母亲的眼病。知道的人无不为之感动。作为家长，应该教育孩子爱护集体，关心他人，培养高尚的社会同情心。

培养孩子的社会活动能力应从婴儿阶段开始。亲子关系对孩子性格的形成起重要的作用，制约着孩子长大以后如何待人接物。这种影响一旦形成就根深蒂固，很难改变。

榜样的力量是无穷的。先进人物的事迹可为孩子提供模仿和学习的榜样，知道该做什么，不该做什么。我国这样的榜样很多，草原小姐妹龙梅、玉荣，勇敢的赖宁，英勇不屈的刘胡兰，为人民服务的雷锋，这些榜样以他们的英勇业绩教育着一代又一代的孩子们成长。

三、书本知识与社会活动能力的关系

有的孩子很聪明，可是学习成绩差，在有的教师心目中往往是个差生。但这并非他的智力有障碍，而是社会活动能力低，不能正确对待自己，不善于处理与班级、与同学之间的关系。为什么孩子会出现这种情况，这多半是受家庭的影响，是家长对孩子的错误态度，逐渐形成了孩子的特殊性格。例如，有的家庭夫妻离异，孩子成为家庭的"累赘"，被家长歧视或遗弃；有的家长缺乏文化教养，经常打骂孩子，不关心孩子的衣食冷暖，不过问孩子的学习；有的家长对孩子过分娇惯，让孩子任性逞强；有的家长违法犯罪，判刑劳改，使孩子在校受同学讥讽，在别人面前抬不起头。这些因素给孩子心理造成很大的负面影响，产生如下几种表现：

有的孩子以自我为中心，处处只想到自己，从不考虑别人。要别人关心自己，却不关心别人；要别人满足自己的需要，却不考虑别人也有需要。只爱听表扬，不爱听批评，受到一点批评，就采取报复态度，容易和别人发生矛盾。自我封闭，不与同学交流学习情况，唯恐别人的成绩超过自己，因而学习成绩得不到提高。

有的孩子自控能力差，上课时思想不集中，易走神，不由自主地做些小动作。要求他自我克制，他感到难受。做事无主见，容易随大流，别人犯错误，他也跟在后面犯错误，却说不出自己的动机。由于精力不集中，所以他的学习成绩往往不好。

有的孩子自信心不强，总觉得低人一等。集体活动中老是落在大家的后面，躲躲藏藏地不敢露面。性格孤僻，不愿与同学交流思想和学习情况，学习上有困难也不问他人，因而不能在集体活动中共同提高。

以上几种情况都反映出孩子在社会活动能力上存在问题。不解决孩子的社会活动能力，单纯地去抓孩子的书本学习往往事倍功半，甚至收不到成效。解决这个问题，可以采取一些强化训练的措施。

（一）自控训练。可以教孩子通过以下几种方式进行集中思想的自我训练：1. 注视式。选择窗外某一建筑物或景物，双目注视该物 10 分钟，使自己的意念集中，不产生其他杂念。2. 静坐式。闭上眼睛静坐，随着自己的呼吸，心里默数“呼

——吸，呼——吸”，摒除一切杂念。每天静坐10分钟。3.意念式。心里只想自己在学习上获得成功，不想其他事情，每天默念10分钟。4.日记式。每天坚持写日记，总结自己一天的情况，把上课时思想走神的次数、作业错误的情况作个记录，并与以前比较，写出自己改正的打算。

（二）信心训练。设置一些孩子最怕遇到的难题，例如考试时同座的学生要抄你的答题，同学冤枉你偷了他的笔，同学喊你去打架，等等，要求孩子自己找出应对之策，并且把这些办法运用于实践。做得好的给以肯定和鼓励。

（三）认知训练。让孩子多与其他同学接触，多了解别人。可以组织学生编些短剧，把学生中错误的言行通过角色表演出来，使学生自我对照，发现差距。当然，这种角色最好是童话中的动物，用启发式，不要以学生演学生，以免引起刺激。教师可以组织学习经验交流会，由学习好的同学介绍学习态度、学习方法，使学习成绩差的学生受到启发，端正学习态度，改进学习方法。

（四）决策训练。对于独立活动能力不强，缺乏应变能力的孩子，家长可以出些难题，让孩子考虑解决的方案。例如，发现同学掉到河里，而自己不会游泳，怎么办？可以提供几种答案：1.不顾生命危险下河去救。2.装着看不见赶紧离开。3.在岸上呼救，请求成年人帮助。4.赶紧打110电话报警。选择哪一个方案，让孩子自己确定，家长帮助他分析利弊，决定取舍。通过这样的训练，可以增强孩子的决策能力。

（五）情感训练。比如可以带领孩子到社会福利院去访问，在那里有许多被父母遗弃的孤儿，他们中多数带有先天性残疾，从小缺乏父母之爱。让你的孩子与他们交朋友，从而激发出关心他人、帮助他人的同情心。

通过这样的训练，就能使你的孩子适应班级环境，融洽同学关系，振作学习精神，改进学习方法，只要孩子努力学习，就能克服各种困难，使学习成绩得到不断提高。

第十四章　道德教育

培养孩子良好的道德品质是家长和教师的共同责任。这项工作做得好与差，关系到孩子的综合素质，关系到孩子的发展前途。一个缺乏道德教养的人，相当于一件“危险品”，很容易违法犯罪，一旦碰上机会，他就会爆发，危害人民的安全，破坏社会的正常秩序。这种人并非天生如此，而是受社会的、家庭的各种负面影响，耳濡目染，潜移默化，逐渐形成的。错误、腐朽、反动的思想无时无处不在与我们争夺青少年的教育阵地，家长与教师应该高度重视与加强孩子的品德教育，防止不良思想的侵蚀，使孩子成长为一个有道德的人，能够为人民、为社会作出贡献的人。

一、道德教育的意义和内容

孩子在幼儿期，他的大脑如同一张白纸，有很强的可塑性，容易接受外界各种信号的刺激，在大脑皮层中留下深刻的印象。不论是正确的思想或者错误的思想，都能在孩子的头脑中形成一种不易改变的观念，并逐渐成为他的行为习惯。由于孩子与家长有血缘关系和亲密接触，家长的言行对幼儿起着言传身教的示范作用，孩子往往容易接受这种直观的灌输，跟在父母的后面亦步亦趋。

许多革命先辈以他们的实际行动影响自己的子女，所以他们的后代多半能够继承父母的遗志，接过革命事业的接力棒。多数家长能够以自己的榜样言传身教，注意对子女的思想品德教育，所以他们的子女能热爱祖国，关心集体，做好孩子、好学生。为了保护集体财产与坏分子斗争而英勇牺牲的刘文学，为了保护电信器材、扑灭山火而牺牲的赖宁，他们的英勇行为不是偶然的，是他们从家庭、社会不断接受道德教育的结果。

有的孩子从家长那里看到的是一些不良的行为，也跟着效仿，受到影响。有的家长自私自利，孩子也会占小便宜；有的家长脏话连篇，孩子也学些污言秽语；有的家长行为粗野，经常打骂孩子，孩子也学着对同学拳打脚踢；有的家长对长辈不尊敬，孩子也就对父母不礼貌；有的家长娇惯自己的孩子，孩子也就任性逞强；有的父母感情不和或离异，对孩子不闻不问，孩子心灵受到创伤，也就形成了孤僻、冷漠的性格。家庭是孩子的第一所学校，父母是孩子的第一任教师，为人父母的，理应以自己的模范行为给孩子树立良好榜样，而且有目的地加强对孩子的道德品质教育。

家庭道德教育的核心是教育孩子懂得社会公德和做人的基本准则，最终目标是养成孩子的优良的道德品质。根据这样的要求，道德教育的任务是向孩子进行爱国家、爱人民、爱劳动、爱科学、爱护公共财物的“五爱”教育，培养孩子具有团结、友爱、诚实、勇敢、勤劳的优秀品德和有礼貌、守纪律的文明行为。

怎样进行“五爱”教育呢？家长可以教育孩子先从身边的容易做到的事情做起，在家庭爱父母，在学校爱同学，在社会上爱人民解放军，爱劳动人民。在此基础上，进一步要求爱国旗、国歌、国徽，从爱家乡到爱祖国。爱国主义教育是道德教育中的重中之重。自古以来许多仁人志士为了国家的安危，为了民族的利益，置个人的幸福于不顾，立志报效祖国，甚至以身许国。他们之中有抗击金兵的岳飞，收复台湾的郑成功，抗御倭寇的戚继光，大败法军的冯子材，血洒海疆的关天培，壮烈殉国的邓世昌，誓死抗日的杨靖宇等。他们是民族的英雄。历史上也有卖国求荣、遗臭万年的奸贼，南宋的秦桧，投降日寇的汪精卫等等。这些都是不可多得的正反两方面的教材。还可以结合新中国成立以来各条战线上涌现出来的爱民模范、战斗英雄的先进事迹，对孩子进行爱祖国、爱人民的教育。

家长要鼓励孩子参加学校组织的集体活动，要求孩子遵守纪律，与同学友好相处，以积极的态度，愉快的心情参加活动，处处维护集体的利益。要求孩子对人有礼貌，不说不文明的话，在同伴中不霸道，不逞强，不欺负小同学。要求孩子爱护公物，不故意损坏集体的或同学的东西，损坏了要告诉家长及时赔偿，不私自拿家里的或别人的东西，借同学的东西要按时归还，拾到东西要交公。要教育孩子诚实待人，不说谎话，做错了事要勇于承认，并且切实改正。有的家长以为孩子说谎是小事，这种认识是错误的。说谎是欺骗的先导，欺骗是犯罪的温床，小事说谎不加以制止，发展下去就很严重，诚实要从小事做起。要培养孩子自我服务的习惯，按时作息，经常参加体育锻炼，注意清洁卫生，定时洗澡，换洗衣服，经常参加家庭和学校的清扫活动，养成良好的生活习惯。有些孩子剩饭剩菜，浪费粮食，要注意帮助孩子纠正。要教育孩子爱科学、学科学，不相信神魔鬼怪等迷信传说。要到有花草树木的自然界去活动，爱护各种动植物，自觉地保护自然环境。

家长要让孩子在日常生活中和集体活动中锻炼勇敢、不怕困难的坚强性格。有的孩子性格软弱，不敢单独行动，见到陌生人胆怯，不敢与人交往，遇到困难就吓得哭，没有战胜困难的勇气。其实孩子总有离开父母的时候，如果不从小锻炼，长大后就无法面对复杂的社会环境，遇到突发事件时就会惊慌失措。坚强的性格要从幼儿时就开始训练。例如，孩子跌跤，让他自己爬起来，要赞扬他勇敢，表扬他不哭。家里有客人来，让孩子主动去接待，要多与陌生人见面，不要怯生。孩子遇到困难，让孩子自己去解决，家长尽可能地不插手。孩子经过多次锻炼，就能逐步养成坚定、勇敢的优良品德。

二、道德品质的培养

孩子的道德品质是在知、情、意、行这些要素互相影响、互相促进之下逐渐形成和发展的。

"知"就是道德认识，指孩子对是非、好坏、善恶等行为准则及其意义的理解，并逐步发展成为一定的道德评价能力，从而自觉地产生相应的道德行为。一个孩子是否已形成一定的道德认识，就要看他是否掌握了道德概念和道德判断能力。例如，孩子们郊游，看到有个成年人鬼鬼祟祟在偷桃子。这时，孩子们会产生各不相同的想法。有的心想，大人能摘，我也能摘，于是就摘了一个桃子送到嘴边吃起来。另外一个孩子见了，就对摘桃的小孩说："你不经过允许私自摘桃子就是偷。"还有一个小孩勇敢地站出来，去责问偷桃子的成年人，偷桃的人不买账，小孩就去找管园子的人来制止。这三种不同的态度，第一种是道德概念模糊，公私不分；第二种是道德概念已经确立,但还不能判断成年人摘桃子是否属于偷;第三种已有一定的道德判断能力,并将它付诸于行动,同偷窃行为作斗争。要因材施教,结合实际进行教育,不断提高孩子的道德判断能力。

孩子的道德认识总是从无到有,由浅入深,由简单到复杂,潜移默化,逐渐积累的。在家庭、学校、社会等方面的影响中,家庭影响最为重要,家长对孩子道德行为的评价最具暗示性和权威性。例如:两个幼儿在一起玩,你的孩子用玩具打另一个孩子,家长不但不制止,反而站在一旁笑嘻嘻地看热闹。这种态度就是对打人行为的评价,你的孩子就会误以为打人是应该的,从而形成错误的道德认识。所以家长的一举一动必须考虑对孩子的影响。

"情"是道德情感,即用一定的道德认识去评价自己和别人的行为时所产生的内心情绪体验。道德情感的形式有以下几种:其一,由对某种情境的感知而引起的直觉的情绪体验。例如学校举行庆祝会,会场的气氛热烈,会使孩子受到感染,不由得也跟着欢欣鼓舞。又如孩子们去参观南京大屠杀死难同胞纪念馆时,看到一幅幅中国老百姓被日寇屠杀的照片,看到发掘出来的累累白骨,会不由自主地难过起来,潸然泪下。其二,由具体道德形象所引起的情绪体验。比如孩子看电影中的刘胡兰,看《在烈火中永生》的江竹筠,会被他们威武不屈、英勇就义的形象所感动,产生崇敬之情。其三,由道德意识和道德理论所引起的情绪体验。例如:小学生守则要求每个学生守纪律,懂得这个道理的孩子在课堂上就会约束自己的行动,严肃认真地上课,因为他知道应该遵守纪律。

道德情感的内容包括爱国主义情感、集体主义情感、革命人道主义情感、集体荣誉感、自尊感、义务感、责任感、事业感等。孩子的道德情感与道德认识紧密相联，随着道德认识的提高，道德情感也会相应地丰富、深刻起来。

“意”是指道德意志，即为了实现一定的目的而产生的道德行为，克服各种困难的顽强意志。道德意志能控制和调节个人的愿望和情绪，当个人的愿望和情绪与道德要求发生矛盾时，道德意志能抑制自己的欲求，战胜不道德的动机，使自己的情感服从于理智。道德意志的培养关系到孩子能否把学习坚持到底，关系到孩子长大以后事业上能否坚持不懈，是否有所成就，必须从小抓起。孩子们年幼，对自己行为的调节力和控制力较差，道德意志往往比较薄弱，必须在实践中反复磨炼。要鼓励孩子不畏困难，战胜困难，绝不中途退缩。要培养孩子抗拒诱惑的能力，用自己的意志抵制各种诱惑。

“行”是指道德行为，即在一定的道德认识、道德情感、道德意志的支配下所采取的有目的的行动。道德行为是通过家长、教师对孩子有目的地训练和孩子在生活实践中积累经验而形成的。孩子的道德行为具有自觉性，应由孩子自主地去实践，而不要依赖别人的提示。孩子的道德行为具有直接性、具体性的特点，感兴趣的事就乐于去做，不感兴趣的事就不愿去做。比如学校组织郊游，孩子往往很早就起床，自己穿衣吃饭，可是平时却不按时起床，要家长在旁催促。这说明孩子还未形成稳定的道德行为习惯，家长要对孩子反复训练，不断强化，经常督促检查，好的给予鼓励，不好的帮助纠正，使孩子养成良好的行为习惯。

三、家庭德育的方法

家庭德育很重要。孩子在低龄阶段与家长生活在一起，家长对孩子了解全面，可以有针对性地进行教育，这样有的放矢，收效显著。家长有权威，孩子对父母信任，对父母的话容易接受。家长的言传身教是一种直观方式的教育，对孩子的影响很大。因此，不要以为孩子已经上学了，教育的责任就交给学校了。放弃家庭德育，就是放弃家长的责任，对孩子、对家庭、对社会都是极其有害的。

家长用什么方法对孩子进行道德品质的教育呢？一般采取以下几种：正面说服教育，行为训练，榜样示范，表扬、奖励与批评、处罚等。

正面说服教育的方法，就是通过讲解、谈话、参观、访问等方式，摆事实讲道理，使孩子分清是非，了解正确与错误的区别，懂得提倡什么，反对什么，应该做什么，不该做什么，从而提高孩子的思想认识，培养正确的道德观念，并且用这些道德观念去指导自己的道德行为。正面说服的方法应该是循循善诱，以理服人，不能疾言厉色，指摘训斥。有的家长总以为孩子“不打不骂不成材”，其实这只会使孩子产生逆反心理，产生“破罐子破摔”的想法。道德行为是具体的，家长要善于利用具体生动的事例，向孩子讲明应该怎样做，为什么要这样做，让孩子受到具体、生动、实际的教育。

家长可以带领孩子去参观访问，让孩子亲眼目睹一些事例，结合这些事例，进行讲解、分析，启发孩子树立正确的道德观念。例如在炎热的夏天，骄阳似火，交通岗亭上的交警汗流浃背，仍在一丝不苟地指挥着交通。让孩子看一看，就会明白什么是为群众服务的责任感。又如带孩子到动物园参观，发现有人用石子掷笼子里的猴子，把猴子砸得嗷嗷叫，家长就应该当着孩子的面，指责这种错误行为，孩子就会自然接受爱护动物的观念。家长对孩子的说服教育应该是长期地、反复地、耐心地进行，不要因为孩子出现反复就丧失信心。

行为训练的方法，就是要求孩子把道德观念付诸实践，通过模仿、练习、运用，使孩子受到强化的刺激，逐渐成为行为习惯。这种训练可以是经常性的。如遵守作息制度、清洁卫生制度，要经常督促孩子按时起床，自己整理床铺，自己倒水盥洗，自己整理书籍、文具，自己打扫自己的卧室。还可以进行有针对性的临时训练。例如孩子把废纸、果皮抛在地面上，就要求孩子自己捡起来，扫干净。经过多次训练，使孩子养成爱整洁的习惯。

学校里规定，每节课的开始与结束，师生间都要起立行注目礼，这也是一种行为训练。师生间互相致敬是文明礼节的需要，可以引起有意的注意，使师生集中精力上好每节课；同时也是一种讯号，要求停止与这节课无关的其他活动。

榜样示范的方法就是要把英雄模范、先进人物的优秀事迹作为孩子学习模仿的榜样，使孩子对抽象的道德有了形象化的认识，在道德行为实践上有了效仿的楷模。对于孩子来讲，最直接、最具体的榜样莫过于父母，虽然做父母的并没有意识到自己会成为孩子的榜样，但实际上父母的言行对孩子影响最深，所以家长应该规范自己的言行。除了家长以外，教师的形象也是孩子学习的榜样，“为人师表”就是说教师应该是学生的表率。孩子还可以从电影、电视、戏剧、文学作品中学习到英雄模范、革命领袖的先进事迹，家长应该选择纪实性的人物传记书籍给孩子阅读，选择历史题材的电影、电视让孩子去看，家长可以一旁讲解、分析，以便于孩子领会其精神实质。

表扬、奖励的方法，是指家长通过表扬与奖励对孩子良好道德行为作出肯定评价，促使孩子坚持和发扬。批评与处罚是对孩子不良的行为作出否定的评价，使孩子克服缺点，改正错误。表扬与奖励应以精神鼓励为主，用赞许的语言给予肯定，物质奖励只能限于书籍、文具之类，不要用金钱作为奖品，更不能用金钱引诱。用金钱引诱，孩子即使做了，也不能提高道德认识，一旦失去金钱的动力，就会出现反弹。

批评要适度，不能讽刺、谩骂，而是讲道理，着重在分清是非，分清正确与错误，使孩子心悦诚服。须知在真理面前，家长和孩子也是平等的。处罚不是体罚或变相体罚，而是要孩子反省，写检讨、写保证书。学校里记过、警告也是一种处罚。表扬或批评要注意场合，当众夸奖孩子容易使孩子产生虚荣心，尤其是当众批评，会使孩子丧失自尊心。如果家长对孩子能做到“晓之以理、动之以情、导之以行、持之以恒”，孩子就一定能朝着崇高的德育目标不断前进。